改訂版

聞いて覚えるコーパス 英熟語

キクジュク

【Super】

難関大レベル

一杉武史 編著

アルク

英語の超人になる!
アルク学参シリーズ

「英語の超人になる！」
アルク学参シリーズ刊行に寄せて

大学受験のために必死で勉強する、これは素晴らしい経験です。しかし、単に大学に合格さえすればよいのでしょうか？　現在の日本に必要なのは、世界中の人々とコミュニケーションをとり、国際規模で活躍できる人材です。総理大臣になってアメリカ大統領と英語で会談したり、ノーベル賞を受賞して英語で受賞スピーチを行ったり、そんなグローバルな「地球人」こそ求められているのです。アルクは、大学受験英語を超えた、地球規模で活躍できる人材育成のために、英語の学習参考書シリーズを刊行いたします。

Preface
難関・最難関大学に合格するための「最上級」レベルの熟語集です！

目標はネイティブ級の「Super」熟語力！1日16熟語・最短2分で6週間後には1123熟語が身につく！

『改訂版 キクジュクSuper 難関大レベル』は、わずか6週間でネイティブレベルの熟語力を身につけるための「最強」の熟語集です。このレベルの熟語力があれば、早慶上智、東大・京大といった「難関・最難関大学」に楽々合格できるだけでなく、一流の海外大学への留学も夢ではなくなります。「そんな短期間に本当にマスターできるの?」と疑問に思う人もいるでしょう。でも「本当」です。

その理由は、見出し熟語の選定法と1日の学習量にあります。見出し熟語を選ぶ際には、過去の入試問題に加え、膨大な数の書き言葉・話し言葉を集めた「コーパス」を分析し、「英語最上級者として本当に必要な1123熟語」に絞り込みました。さらに本書では、1日の学習量を16熟語に限定し、6週間の「スケジュール学習」を採用していますので、ムリなく熟語が身につくのです。

大学合格は通過点。さらに「上」の英語力が国際人には必要不可欠！「最上級」の熟語力で世界を舞台に活躍しよう！

せっかくの熟語力も、使わなければ「宝の持ち腐れ」です。大学合格は素晴らしいことですが、単なる通過点にすぎません。大切なのは、その熟語力をベースに、国際人として通用する「さらに上」の英語をマスターすることです。本書では、熟語を「耳」からも覚えられる音声を用意していますので、リスニング力を同時に高めることで、コミュニケーション力も身につきます。

難関大レベルの熟語力とある程度の語彙力があれば、英字新聞・雑誌はほとんど辞書なしで読みこなせます。また、日常会話や論文執筆など、話す・書く力=総合的な英語力もほぼ完成しているはずです。難関大学に合格したら、次は海外留学、さらには英語を使った仕事に就く、と目標をさらに高めていってください。皆さんが世界を舞台に活躍することを、心から応援しています！

Contents

**1日16熟語×6週間で672熟語＋Appendixの451熟語で
最強レベルの1123熟語をマスター！**

CHAPTER 3

語順で覚える熟語

Contents

【記号説明】
- 🎧001：「ダウンロード音声のファイル001を再生してください」という意味です。
- 熟語中の（　）：省略可能を表します。
- 熟語中の［　］：言い換え可能を表します。
- 熟語中のA、B：語句（主に名詞・代名詞）が入ることを表します。
- 熟語中のbe：be動詞が入ることを表します。be動詞は、主語の人称・時制によって変化します。
- 熟語中のdo：動詞の原形が入ることを表します。
- 熟語中のdoing：動詞の動名詞形または現在分詞形（-ing形）が入ることを表します。
- 熟語中のoneself：再帰代名詞が入ることを表します。主語によって再帰代名詞は異なります。
- 熟語中のA's：名詞・代名詞の所有格が入ることを表します。
- 熟語中の「〜」「. . .」：節（主語＋動詞）が入ることを表します。
- ➕：熟語中の語彙の意味または定義中の追加説明を表します。
- 元：その熟語の元々の意味を表します。
- ≒：同意熟語・同意語または類義熟語・類義語を表します。
- ⇔：反意熟語・反意語または反対熟語・反対語を表します。
- 定義中の（　）：補足説明を表します。
- 定義中の［　］：言い換えを表します。

だから「ゼッタイに覚えられる」!

本書の4大特長

1

最新のコーパスデータを徹底分析！

だから

試験に出る！
日常生活で使える！

大学入試のための熟語集である限り、「試験に出る」のは当然──。本書の目標は、そこから「実用英語」に対応できる熟語力をいかに身につけてもらうかにあります。見出し熟語の選定にあたっては、過去の入試問題のデータに加えて、最新の語彙研究であるコーパス＊のデータを徹底的に分析。単に入試を突破するだけでなく、将来英語を使って世界で活躍するための「難関大レベルの熟語」が選ばれています。

＊コーパス：実際に話されたり書かれたりした言葉を大量に収集した「言語テキスト・データベース」のこと。コーパスを分析すると、どんな単語・熟語がどのくらいの頻度で使われるのか、といったことを客観的に調べられるので、辞書の編さんの際などに活用されている。

2

「耳」と「目」をフル活用して覚える！

だから

「聞く熟（キクジュク）」！
読解力と聴解力をダブルアップ！

「読む」だけでは、言葉は決して身につきません。私たちが日本語を習得できたのは、赤ちゃんのころから日本語を繰り返し「聞いてきた」から──本書は、この「当たり前のこと」にこだわり抜きました。本書では、音楽のリズムに乗りながら楽しく熟語の学習ができる「チャンツ音声」を用意。「耳」と「目」から同時に熟語をインプットしていきますので、「覚えられない」不安を一発解消。さらに、読解力と聴解力をダブルアップすることができます！

本書では、過去の入試問題データと最新の語彙研究であるコーパスを基にして収録熟語を厳選していますので、「試験に出る」「日常生活で使える」ことは当然のことと考えています。その上で「いかに熟語を定着させるか」―このことを私たちは最も重視しました。ここでは、なぜ「出る・使える」のか、そしてなぜ「覚えられるのか」に関して、本書の特長をご紹介いたします。

3

1日16熟語×6週間、5つのチャプターで熟語をタイプ別に学習！

だから

ムリなく マスターできる！

「継続は力なり」、とは分かっていても、続けるのは大変なことです。では、なぜ「大変」なのか？　それは、覚えきれないほどの量の熟語をムリに詰め込もうとするからです。本書では、「ゼッタイに覚える」ことを前提に、1日の学習熟語数をあえて16に抑えています。さらに、熟語を5つのタイプに分類し、チャプターごとに学習していきますので、ペースをつかみながら、効率的・効果的に熟語を身につけていくことができます。

4

生活スタイルで選べる 3つの「モード学習」を用意！

だから

1日最短2分、最長6分でOK！

今まで熟語集を手にしたとき、「どこからどこまでやればいいのだろう？」と思ったことはありませんか？　見出し熟語と定義、フレーズ、例文……1度に目を通すのは、忙しいときには難しいものです。本書は、Check 1（熟語＋定義）→Check 2（フレーズ）→Check 3（センテンス）と、3つのチェックポイントごとに学習できる「モード学習」を用意。生活スタイルやその日の忙しさに合わせて学習量を調整することができます。

生活スタイルに合わせて選べる
Check 1▸2▸3の「モード学習」
本書と音声の利用法

Check 1

見出し熟語とその意味をチェック。「英語→日本語→英語」の順にチャンツが収録されているので、聞いて発音してみましょう。余裕があれば、本で赤字以外の意味も押さえましょう。

Check 2

Check 2では、「フレーズ（単語の短いまとまり）※文も含む」の中で見出し熟語をチェック。音声を聞いて熟語が実際にどう使われるかを確認しましょう。熟語が覚えやすくなります。フレーズ中の赤い文字の部分が見出し熟語です。

Check 3

Check 3では、「文」の中で見出し熟語をチェック。音声でより実践的な例に触れてください。赤い文字の部分が見出し熟語です。ここまで勉強すると、「音」と「文字」でくり返し熟語に触れるので、より覚えやすくなります。

見出し熟語

1日の学習熟語数は16です。見開きの左側に学習熟語が掲載されています。チャンツでは上から順に熟語が登場します。最初の8つの熟語が流れたら、ページをめくって次の8つに進みましょう。

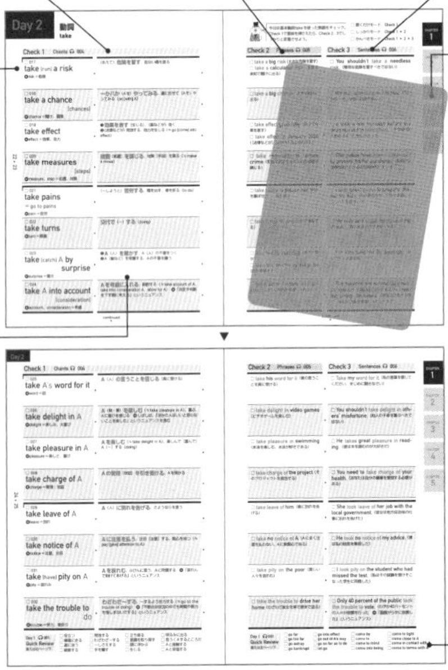

チェックシート

本書に付属のチェックシートは復習用に活用してください。Check 1では見出し熟語の定義が身についているか、Check 2と3では訳を参照にしながらチェックシートで隠されている熟語がすぐに浮かんでくるかを確認しましょう。

定義

見出し熟語の定義が掲載されています。熟語によっては複数の意味があるので、第1義以外の定義もなるべく覚えるようにしましょう。

Quick Review

前日に学習した熟語のチェックリストです。左ページに日本語、右ページに英語が掲載されています。

1日の学習量は4ページ、学習熟語数は16となっています。1つの見出し熟語につき、定義を学ぶ「Check 1」、フレーズ中で熟語を学ぶ「Check 2」、センテンス中で学ぶ「Check 3」の3つの「モード学習」が用意されています。まずは、該当の音声ファイルを再生して、「チャンツ音楽」のリズムに乗りながら見出し熟語と定義を「耳」と「目」で押さえましょう。時間に余裕がある人は、Check 2とCheck 3にもトライ！

こんなキミにオススメ！
3つの「学習モード」

＊学習時間はあくまでも目安です。時間に余裕があるときは、チャンツ音楽を繰り返し聞いたり、フレーズやセンテンスの音読を重ねたりして、なるべく多く学習熟語に触れるように心がけましょう。
＊チャンツには見出し熟語と訳のみが収録されています。

英語以外の勉強にも忙しいA君には！

聞くだけモード
Check 1

学習時間の目安：1日2分

とにかく忙しくて、できれば熟語学習は短時間で済ませたい人にオススメなのが、Check 1だけの「聞くだけモード」。該当の音声ファイルで「チャンツ音楽」を聞き流すだけでもOK。でも、時間があるときはCheck 2とCheck 3で復習も忘れずに！

最近、英語の偏差値が伸び悩んでいるB君には！

しっかりモード
Check 1 ▸ Check 2

学習時間の目安：1日4分

そこそこ英語はできるけど、さらなる英語力アップが必要だと感じている人にオススメなのが、Check 1とCheck 2を学習する「しっかりモード」。声に出してフレーズを「音読」をすれば、定着度もさらにアップするはず。

どうせ合格ならトップ合格を目指すC君には！

かんぺきモード
Check 1 ▸ Check 2 ▸ Check 3

学習時間の目安：1日6分

やるからには完璧にしなければ気が済まない人には「かんぺきモード」がオススメ。ここまでやっても学習時間の目安はたった6分。できればみんな「かんぺきモード」でパーフェクトを目指そう！

ダウンロード音声について
本書のすべての音声は無料でダウンロードできます

パソコンでダウンロードする場合
下記の「アルク ダウンロードセンター」にアクセスの上、画面の指示に従って音声ファイルをダウンロードしてください。
https://portal-dlc.alc.co.jp/
※本書の商品コード（7023050）で検索してください。

スマートフォンでダウンロードする場合
下記のURLから学習用アプリ「booco」をインストールの上、ホーム画面下「さがす」の検索窓に本書の商品コード（7023050）を入れて検索し、音声ファイルをダウンロードしてください。
https://booco.page.link/4zHd

CHAPTER 1

基本動詞で覚える熟語

Chapter 1のスタートです！このChapterでは、基本動詞を使った熟語をマスターしていきます。まず最初に、Introductionのコーナーで、各動詞の意味と用法を軽く押さえてから、Day 1の学習をスタート！

座って一息つかない？　疲れてきたわ。

Why don't we sit down and (　　　) our (　　　)? I'm getting tired.

答えは Day 7でチェック！

□ Introduction　基本動詞の意味と主な用法

動詞とその原意・用法の種類　＊用法の種類は厳密なものでなく、熟語の意味の違いで異なることもあります

動詞	原意・用法の種類
動詞 **go** ▸ Day 1	**原意**：主語が話し手・聞き手の場所からほかの場所へ行く **用法の種類**：❶移動　❷進行　❸到達
動詞 **come** ▸ Day 1	**原意**：主語が話し手の場所へ来る・聞き手の場所へ行く **用法の種類**：❶移動　❷出現　❸変化
動詞 **take** ▸ Day 2	**原意**：物を取る；話し手［聞き手］の場所からほかの場所へ物を持って行く **用法の種類**：❶行為　❷獲得　❸受容　❹保持　❺移動
動詞 **bring** ▸ Day 3	**原意**：聞き手［話し手］の場所へ物を持って行く **用法の種類**：❶到達　❷持参　❸移動
動詞 **give** ▸ Day 3	**原意**：物を人に与える **用法の種類**：❶譲歩　❷譲渡　❸発生
動詞 **keep** ▸ Day 3	**原意**：ある状態が続く；ある状態を続ける **用法の種類**：維持
動詞 **hold** ▸ Day 3	**原意**：ある状態を保つ **用法の種類**：❶維持　❷抑制
動詞 **get** ▸ Day 4	**原意**：ある状態に達する；物を所有する **用法の種類**：❶到達　❷獲得　❸所有　❹変化
動詞 **have** ▸ Day 4	**原意**：物を所有している **用法の種類**：❶所有　❷獲得　❸使役
動詞 **make** ▸ Day 5	**原意**：物をある状態にする **用法の種類**：❶使役　❷発生　❸行為　❹製作　❺変化
動詞 **put** ▸ Day 6	**原意**：ある場所・位置に置く **用法の種類**：❶配置　❷移動　❸表現　❹変化

continued ▼

各Dayの学習に入る前に、まずは基本動詞の意味と用法を軽く押さえておこう。あまり難しく考えず、各動詞の元々の意味（原意）と主な用法を大体の「イメージ」として覚えよう。

熟語の例　＊カッコ内の数字は見出し番号を表します

❶go far：（事が）役立つ（001）
❷go too far：極端に走る（002）
❸go bankrupt：破産する（004）

---

❶come by：立ち寄る（009）
❷come to mind：（物・事が）（ふと）頭［心］に浮かぶ（011）
❸come into being：生じる（012）

---

❶take a risk：（あえて）危険を冒す（017）
❷take effect：効果を表す［生じる］（019）
❸take A's word for it：Aの言うことを信じる［真に受ける］（025）
❹take delight in A：A（物・事）を楽しむ（026）

---

❶bring A to light：Aを明るみに出す（033）

---

❶give up on A：A（人・事）に見切りをつける（035）
❷give A's word：約束する（037）

---

keep out of A：A（面倒など）にかかわらない（041）

---

❶hold good：（法律などが）有効である（045）
❷hold A's breath：息を殺す（046）

---

❶get on A's nerves：A（人）をいらいらさせる（049）
❷get it：理解する（051）
❸get a glimpse of A：Aをちらりと見る（053）

---

❶have A's way：自分の思い通りにする（057）

---

❶make believe：ふりをする（065）
❷make a fuss：騒ぎ立てる（067）
❸make a decision：決定［決断］を下す（068）
❹make money：金をもうける（071）

---

❶put on airs：気取る（081）
❷put A into action：A（計画など）を実行［行動］に移す（082）
❸to put it mildly：控えめに言っても（090）

---

continued
▼

□ Introduction

動詞とその原意・用法の種類

動詞	原意・用法の種類
動詞 **set** ▸ Day 6	原意：ある場所・位置に置く **用法の種類：**❶配置　❷移動　❸変化
動詞 **catch** ▸ Day 7	**原意**：意識的・無意識的につかむ
動詞 **do** ▸ Day 7	**原意**：何かを行う；何かをもたらす
動詞 **fall** ▸ Day 7	**原意**：落ちる；ある状態に陥る
動詞 **find** ▸ Day 7	**原意**：求めていたものを見つける
動詞 **gain** ▸ Day 8	**原意**：欲しいものを獲得する
動詞 **lose** ▸ Day 8	**原意**：必要なものを失う
動詞 **play** ▸ Day 8	**原意**：遊ぶ；演じる
動詞 **see** ▸ Day 9	**原意**：物が見える
動詞 **think** ▸ Day 9	**原意**：考える
動詞 **turn** ▸ Day 9	**原意**：回転する；物を回転させる

熟語の例

set a precedent：前例［先例］を作る（091）

catch fire：火がつく（099）

do A credit：Aの名誉［誇り］となる（102）

fall behind：遅れる（108）

find A's way：（やっと）たどり着く（111）

gain access to A：Aに出入り［接近、面会］する（115）

lose A's temper：怒りだす（121）

play a role：役割を果たす（124）

see the light：やっと分かる（131）

think again：考え［意見、気持ち］を変える（136）

turn a deaf ear：耳を貸さない（141）

Day 1

動詞
go ／ come

Check 1 Chants 🎧 001

□ 001 **go far** 元遠くへ行く	❶(事が)(Aに) **役立つ**、効果がある、貢献する(to [toward] A) ❷(通例、否定文で)(お金が)物をたくさん買える、(食べ物などが)(なくならずに)もつ、十分である ❸(通例、未来形で)(人が)成功[出世]する
□ 002 **go too far** 元あまりに遠くへ行く	**極端に走る**、度を越す、やり[言い]過ぎる(≒go to extremes、go overboard)
□ 003 **go astray** ➕astray＝道に迷って；正道を踏み外して	❶**道に迷う**(≒get lost)；(物が)紛失する、行方不明になる ❷(比喩的に)道を踏み外す、堕落する
□ 004 **go bankrupt** ➕bankrupt＝破産した	**破産する**
□ 005 **go** [come] **into effect** ➕effect＝効果、効力	(法律などが) **発効する**、実施される(≒take effect)
□ 006 **go out of** A's **way** 元回り道をする	**わざわざ～する** (to do) ➕「する必要もないのにする」というニュアンス
□ 007 **go so** [as] **far as to** do	**～しさえする** ➕「人を驚かせたり、極端に走るようなことをする」というニュアンス
□ 008 **let go**	❶(Aから) **手を離す** (of A) ❷考えないようにする ❸(let A goで) A(発言など)を大目に見る ❹(let A goで) A(人)を自由にする、釈放する；A(人)を解雇する

continued ▼

いよいよDay 1のスタート！　今日は、基本動詞goとcomeを使った熟語をチェック。まずは、チャンツを聞いてみよう。

□ 聞くだけモード　Check 1
□ しっかりモード　Check 1 ▸ 2
□ かんぺきモード　Check 1 ▸ 2 ▸ 3

Check 2　Phrases 🎧 002		Check 3　Sentences 🎧 003
□ go far toward solving the problem（問題の解決に役立つ） □ go far in the business world（ビジネス界で成功する）	▸	□ A thousand yen doesn't go very far these days.（最近は1000円では物をあまりたくさん買えない）
□ That's going too far.（それはやり［言い］過ぎだ）	▸	□ Don't go too far.（度を越すな、やり過ぎるな）
□ go astray in transit（［物が］輸送中に紛失する）	▸	□ Better to ask the way than go astray.（道に迷うよりは道を聞いたほうがいい　➕ことわざ＝聞くは一時の恥）
□ go bankrupt during the depression（不況の中、破産する）	▸	□ The company went bankrupt last year.（その会社は昨年、倒産した）
□ be scheduled to go into effect next year（［法律などが］来年発効する予定である）	▸	□ The treaty went into effect in April 2005.（その条約は2005年4月に発効した）
□ go out of A's way to help him（彼をわざわざ手伝う）	▸	□ She went out of her way to see me off at the airport.（彼女はわざわざ空港に私を見送りに来た）
□ go so far as to say that ～（～とまで言う、～だと極言する）	▸	□ He went so far as to buy a new car for his girlfriend.（彼は恋人に新車まで買ってあげた）
□ let go of the rope（ロープから手を離す） □ let the suspect go（容疑者を釈放する）	▸	□ Don't let go of my hand.（私の手を離さないでください）

continued
▼

Check 1 Chants 🎧 001

□ 009 **come by** ㊀通り過ぎる ▸	❶（人が）**立ち寄る**；（come by Aで）A（場所）に立ち寄る ❷（come by Aで）Aを（努力の結果）得る（≒obtain） ▸
□ 010 **come to** ▸	❶**意識を取り戻す**、正気づく（≒come around） ❷（come to Aで）（考えなどが）Aの頭［心］にふと浮かぶ、わいてくる ❸（come to Aで）総額がAになる ▸
□ 011 **come** [spring] **to mind** ＝cross [enter] A's mind ➕mind＝心 ▸	（物・事が）（ふと）**頭**［心］**に浮かぶ** ▸
□ 012 **come into being** ＝be brought into being ➕being＝存在 ▸	**生じる**、生まれ出る、出現する（≒come into existence、be brought into existence） ▸
□ 013 **come to light** ＝be brought to light ▸	（秘密などが）**明るみに出る**、ばれる ➕bring A to lightは「Aを明るみに出す」 ▸
□ 014 **come close** [near] **to** A ㊀Aの近くに来る ▸	**危うくAするところだ**、もう少し［すんでのところ］でAするところだ ➕Aには動名詞が入ることが多い ▸
□ 015 **come in** [into] **contact with** A ➕contact＝接触 ▸	**Aと接触する**；Aと出会う ▸
□ 016 **come to terms with** A ➕term＝（契約などの）条件 ▸	❶**Aと妥協する**、合意に達する ❷A（困難など）をあきらめて受け入れる ➕「困難な状況などを受け入れて、それについて動揺したり、怒ったりしない」というニュアンス ▸

Check 2 Phrases 🎧 002		Check 3 Sentences 🎧 003
□ come by his house（彼の家に立ち寄る） □ come by a lot of money（大金を手に入れる）	▶	□ Feel free to come by anytime you want.（お好きなときに遠慮なくお立ち寄りください）
□ come to after the operation（手術後に意識を取り戻す） □ come to $100（総額が100ドルになる）	▶	□ He came to a few minutes later but couldn't remember what had happened.（彼は数分後に意識を回復したが、何が起きたか思い出せなかった）
□ What comes to mind when you think of A?（Aについて考えるとき、何が思い浮かびますか？）	▶	□ As we were talking, a good idea came to mind.（話し合っているときに、妙案が浮かんだ）
□ come into being from A（Aから生まれる、発生する）	▶	□ We have a good understanding of when the universe first came into being.（私たちは宇宙が初期にどのように誕生したかを十分に理解している）
□ It came to light that ～.（～ということが明るみに出た）	▶	□ The truth finally came to light.（ついに真相が明らかになった）
□ come close to war（戦争に近づいている）	▶	□ She was so angry that she came close to hitting him.（彼女はとても怒っていたので、もう少しで彼を殴るところだった）
□ come in contact with influenza patients（インフルエンザ患者と接触する）	▶	□ It is important for students to come into contact with different cultures.（異文化に触れることは生徒たちにとって大切なことだ）
□ come to terms with him on a contract（彼と契約において妥協する） □ come to terms with reality（現実を受け入れる）	▶	□ The company has come to terms with the union on wage increases.（その会社は賃上げに関して労働組合と合意に達した）

Day 2

動詞
take

Check 1 Chants 004

□ 017
take [run] a risk
➕risk＝危険
▶
（あえて）**危険を冒す**、危ない橋を渡る
▶

□ 018
take a chance [chances]
➕chance＝賭け、冒険
▶
一か八か（Aを）**やってみる**、運に任せて（Aを）やってみる（on [with] A）
▶

□ 019
take effect
➕effect＝効果、効力
▶
❶**効果を表す**［生じる］、（薬などが）効く
❷（法律などが）発効する、効力を生じる（≒go [come] into effect）
▶

□ 020
take measures [steps]
➕measure、step＝処置、対策
▶
措置［処置］**を講じる**、対策［手段］を取る（≒make a move）
▶

□ 021
take pains
＝go to pains
➕pain＝苦労
▶
（～しようと）**苦労する**、精を出す、骨を折る（to do）
▶

□ 022
take turns
➕turn＝順番
▶
交代で（～）**する**（doing）
▶

□ 023
take [catch] A by surprise
➕surprise＝驚き
▶
❶**A**（人）**を驚かす**、A（人）の不意をつく
❷A（敵など）を奇襲する、Aの不意を襲う
▶

□ 024
take A into account [consideration]
➕account、consideration＝考慮
▶
Aを考慮に入れる、斟酌する（≒take account of A、take into consideration A、allow for A）➕「決定や判断を下す際に考える」というニュアンス
▶

continued
▼

今日は基本動詞takeを使った熟語をチェック。Check 1で意味を押さえたら、Check 2、3でしっかりと定着させせよう。

□ 聞くだけモード　Check 1
□ しっかりモード　Check 1 ▸ 2
□ かんぺきモード　Check 1 ▸ 2 ▸ 3

Check 2　Phrases 🎧 005		Check 3　Sentences 🎧 006
□ take a big risk（大きな危険を冒す） □ take a calculated risk（危険を承知で賭けに出る）	▸	□ You shouldn't take a needless risk.（無用な危険を冒すべきではない）
□ take a big chance（大きな賭けに出る）	▸	□ We took a chance on his plan.（私たちは一か八か彼の計画を試した）
□ take effect gradually（徐々に効果を表す） □ take effect in January 2026（[法律などが] 2026年1月に発効する）	▸	□ It took a few minutes before the drug started to take effect.（その薬が効き始めるまでに数分かかった）
□ take measures to reduce crime（犯罪を減少させるための措置を講じる）	▸	□ The police have taken measures to prevent traffic accidents.（警察は交通事故防止のための対策を取っている）
□ take pains to please her（彼女を喜ばせようと骨を折る）	▸	□ I took great pains to prepare dinner for him.（私は彼のために夕食を準備しようととても苦労した）
□ take turns driving（交代で運転する）	▸	□ My wife and I take turns cooking dinner.（妻と私は交代で夕食を作る）
□ take her by surprise（彼女を驚かす） □ take the enemy by surprise（敵を奇襲する）	▸	□ Her kiss took him by surprise.（彼女のキスは彼を驚かせた）
□ take other factors into account（ほかの要因を考慮に入れる）	▸	□ The government should take public opinion into account when making policy decisions.（政策決定をする際に、政府は世論を考慮に入れるべきだ）

continued
▼

Check 1 Chants 004

□ 025
take A's word for it
➕word＝話

A（人）の言うことを信じる［真に受ける］

□ 026
take delight in A
➕delight＝楽しみ、大喜び

A（物・事）を楽しむ（≒take pleasure in A）、喜ぶ、Aに喜びを感じる ➕しばしば、「ほかの人はいいと思わないことを楽しむ」というニュアンスを含む

□ 027
take pleasure in A
➕pleasure＝楽しさ、喜び

Aを楽しむ（≒take delight in A）、楽しんで［喜んで］A（〜）する（doing）

□ 028
take charge of A
➕charge＝管理；世話

Aの管理［世話］**を引き受ける**、Aを預かる

□ 029
take leave of A
➕leave＝別れ

A（人）に別れを告げる、さようならを言う

□ 030
take notice of A
➕notice＝注意、注目

Aに注意を払う、注目［注意］する、関心を持つ（≒pay [give] attention to A）

□ 031
take [have] pity on A
➕pity＝哀れみ

Aを哀れむ、ふびんに思う、Aに同情する ➕「哀れんで助けてあげる」というニュアンス

□ 032
take the trouble to do
➕trouble＝努力、骨折り

わざわざ〜する、〜するよう尽力する（≒go to the trouble of doing） ➕「不都合な状況の中でも時間や努力を惜しまないでする」というニュアンス

Day 1 001
Quick Review
答えは右ページ下

□役立つ	□発効する	□立ち寄る	□明るみに出る
□極端に走る	□わざわざ〜する	□意識を取り戻す	□危うくAするところだ
□道に迷う	□〜しさえする	□頭に浮かぶ	□Aと接触する
□破産する	□手を離す	□生じる	□Aと妥協する

Check 2 Phrases 005

□ take his word for it（彼の言うことを真に受ける）

□ take delight in video games（ビデオゲームを楽しむ）

□ take pleasure in swimming（水泳を楽しむ、水泳が好きである）

□ take charge of the project（そのプロジェクトを担当する）

□ take leave of him（彼に別れを告げる）

□ take no notice of A（Aに全く注意を払わない、Aに無関心である）

□ take pity on the poor（貧しい人々を哀れむ）

□ take the trouble to drive her home（わざわざ彼女を車で家まで送る）

Check 3 Sentences 006

□ Take my word for it.（私の言葉を信じてください、まじめに聞きなさい）

□ You shouldn't take delight in others' misfortune.（他人の不幸を喜ぶべきではない）

□ He takes great pleasure in reading.（彼は本を読むのが大好きだ）

□ You need to take charge of your health.（あなたは自分の健康を管理する必要がある）

□ She took leave of her job with the local government.（彼女は地方自治体の仕事に別れを告げた）

□ He took no notice of my advice.（彼は私の助言を無視した）

□ I took pity on the student who had missed the test.（私はその試験を受けそこなった学生に同情した）

□ Only 40 percent of the public took the trouble to vote.（わずか40パーセントの人々が投票を行った ➕「面倒がらずに投票した」というニュアンス）

Day 1 001
Quick Review
答えは左ページ下

□ go far
□ go too far
□ go astray
□ go bankrupt
□ go into effect
□ go out of A's way
□ go so far as to do
□ let go
□ come by
□ come to
□ come to mind
□ come into being
□ come to light
□ come close to A
□ come in contact with A
□ come to terms with A

Day 3

動詞
bring ／ give ／ keep ／ hold

Check 1　Chants 🎧 007

□ 033 **bring A to light** ➕light＝光	**Aを明るみに出す**、暴露する（≒reveal）　➕come to lightは「明るみに出る」
□ 034 **bring A home to B**	（事が）**A**（事）**をB**（人）**に痛感させる**、はっきり悟らせる、十分に納得させる　➕Aが長い場合は、しばしばbring home to B Aの語順になる
□ 035 **give up on A**	**A**（人・事）**に見切りをつける**、Aを断念する　➕「人や状況がこの先も変わらないだろうとあきらめる」というニュアンス
□ 036 **give way**	❶（橋などが）**崩れる**、壊れる（≒collapse）　➕「重みなどで崩れる」というニュアンス ❷（物などが）（Aに）取って代わられる（to A） ❸（Aに）譲歩する（to A）；（Aに）屈する（to A）（≒yield、give in、succumb）
□ 037 **give A's word** ➕word＝約束	**約束する**
□ 038 **give A a ride** [lift] ➕ride、lift＝乗せること	**A**（人）**を車に乗せてやる**
□ 039 **give A a try** ➕try＝試み、試し	**試しにAを使って**［やって］**みる**
□ 040 **give A's (best) regards to B** ➕regard＝よろしくとの伝言	**Bによろしくと伝える**（≒remember A to B）

continued ▼

1回聞いただけでは、熟語はなかなか身につかない。繰り返し音声を聞くように心がけよう。それでは、Day 3の学習をスタート！

□ 聞くだけモード　Check 1
□ しっかりモード　Check 1 ▸ 2
□ かんぺきモード　Check 1 ▸ 2 ▸ 3

Check 2 Phrases 🎧 008		Check 3 Sentences 🎧 009
□ bring the truth to light（真相を暴露する）	▸	□ New evidence was brought to light in the trial.（新しい証拠が裁判で明らかにされた）
□ bring the importance of study home to students（勉強の大切さを生徒たちに理解させる）	▸	□ The movie brought the misery of the war home to me.（その映画は戦争の悲惨さを私に痛感させた）
□ give up on the plan（計画を断念する） □ give up on a dream（夢をあきらめる）	▸	□ He failed so many times that the teachers gave up on him.（彼は何度も落第したので、教師たちは彼に見切りをつけた）
□ give way under the weight of A（Aの重みで崩れる） □ give way to a faster car（速い車に道を譲る）	▸	□ The dam gave way due to heavy rains.（そのダムは大雨で決壊した）
□ give him A's word（彼に約束する）	▸	□ He gave his word to help me.（彼は私を助けてくれると約束した）
□ give him a ride to the station（彼を駅まで車に乗せてやる）	▸	□ Could you give me a ride home?（私を家まで車で送ってくれませんか？）
□ give a new idea a try（新しいアイデアを試してみる） □ give it a try（やってみる、試してみる）	▸	□ I've never skied before, but I'll give it a try.（私は今までスキーをしたことがないが、やってみるつもりだ）
□ Please give my regards to Mr. Jones.（ジョーンズさんによろしくお伝えください）	▸	□ He asked her to give his regards to her parents.（彼は彼女の両親によろしく伝えてほしいと彼女にお願いした）

continued
▼

Check 1 Chants 🎧 007

□ 041
keep out of A
元Aに近づかない

A（面倒など）**にかかわらない**、加わらない、干渉しない

□ 042
keep A's head
➕head＝理性、落ち着き

冷静でいる、冷静を保つ、落ち着いている（⇔lose A's head）

□ 043
keep A's word [promise]
➕word＝約束

約束を守る（⇔break A's word [promise]）

□ 044
keep an eye on A

Aから目を離さない、Aを監視する ➕「その人を信用していなかったり、何が起こるか見届ける必要があるので見守る」というニュアンス

□ 045
hold good
➕good＝有効な

（法律などが）**有効である**、適用される、当てはまる

□ 046
hold A's breath
➕breath＝息
元息を止める

息を殺す、かたずをのむ ➕「何が起きるか心配して待つ」というニュアンス

□ 047
hold A's own

屈しない、負けない、自分の地位［立場］を守る、頑張る ➕「困難な状況の中で自分を守る」というニュアンス

□ 048
hold A's tongue
➕tongue＝舌

（しばしば命令文で）**黙っている**、黙る、口をつぐむ

Day 2 🎧 004 Quick Review
答えは右ページ下

□ 危険を冒す
□ 一か八かやってみる
□ 効果を表す
□ 措置を講じる
□ 苦労する
□ 交代でする
□ Aを驚かす
□ Aを考慮に入れる
□ Aの言うことを信じる
□ Aを楽しむ
□ Aを楽しむ
□ Aの管理を引き受ける
□ Aに別れを告げる
□ Aに注意を払う
□ Aを哀れむ
□ わざわざ〜する

Check 2 Phrases 008		Check 3 Sentences 009
□ keep out of trouble（面倒にかかわらない）	▶	□ You had better keep out of other people's business.（ほかの人の問題には干渉しないほうがいい）
□ keep A's head in a crisis（難局で冷静を保つ）	▶	□ He can keep his head at times of pressure and stress.（彼はプレッシャーやストレスを受けたときでも冷静でいられる）
□ fail to keep A's word（約束を守らない）	▶	□ He often fails to keep his word.（彼は約束を守らないことがしばしばある）
□ keep an eye on the baby（その赤ちゃんから目を離さないでいる）	▶	□ He kept an eye on his luggage at the airport.（彼は空港で自分の手荷物から目を離さないでいた）
□ hold good in all cases（［規則などが］すべての場合に適用される）	▶	□ This old law holds good even today.（この古い法律は現在でも有効となっている）
□ hold A's breath with anticipation（期待してかたずをのむ）	▶	□ Don't hold your breath.（期待しないほうがいいよ ➕「実現までは時間がかかるので、あまり焦らないほうがいい」というニュアンス）
□ hold A's own with [against] anyone（誰にも屈しない；誰にも引けを取らない）	▶	□ He can hold his own in a debate.（彼は論争では誰にも負けない）
□ Hold your tongue!（黙っていろ！）	▶	□ He wisely held his tongue.（彼は思慮深く黙っていた）

Day 2 004
Quick Review
答えは左ページ下

□ take a risk	□ take pains	□ take A's word for it	□ take leave of A
□ take a chance	□ take turns	□ take delight in A	□ take notice of A
□ take effect	□ take A by surprise	□ take pleasure in A	□ take pity on A
□ take measures	□ take A into account	□ take charge of A	□ take the trouble to do

Day 4 動詞
get／have

Check 1　Chants 🎧 010

□ 049
get on A's nerves
➕nerve＝神経

A（人）をいらいらさせる、Aの神経に障る ➕「何かを繰り返しすることでいらいらさせる」というニュアンス

□ 050
get in touch with A
➕touch＝連絡、接触

A（人など）と連絡を取る、接触する（≒get hold of A） ➕「手紙を書いたり、電話をしたりして連絡を取る」というニュアンス。keep [stay] in touch with Aは「Aと連絡を取り合っている」

□ 051
get it

❶**理解する**、分かる
❷(Aのことで）しかられる、罰せられる（for A）
❸(I'll get it.で）（ドアのベル・電話に）私が出ます

□ 052
get A wrong
➕wrong＝間違って

Aを誤解する、取り違える

□ 053
get [catch] a glimpse of A
➕glimpse＝ちらりと見えること

Aをちらりと見る ➕「見えにくい物をちらりと見る」というニュアンス

□ 054
get [take, grab, catch] hold of A
➕hold＝握ること

❶**Aをつかむ**、握る
❷(get hold of Aで）Aを手に入れる
❸(get hold of Aで）A（人）と連絡を取る（≒get in touch with A）

□ 055
get the better of A
➕better＝よりよいこと

❶**A（人・事）に勝つ**、A（人）を負かす（≒defeat）；A（困難など）をうまく乗り切る
❷(感情などが）A（人）を圧倒する

□ 056
get A's hands on B

❶**B（物）を手に入れる**（≒obtain）
❷B（人）を捕まえる

continued ▼

「三日坊主」にならないためにも、今日のDay 4は気を抜けない。時間がなければCheck 1だけでもいいので、「継続」を心がけよう！

□ 聞くだけモード　Check 1
□ しっかりモード　Check 1 ▸ 2
□ かんぺきモード　Check 1 ▸ 2 ▸ 3

Check 2 Phrases 🎧 011		Check 3 Sentences 🎧 012
□ get on his nerves（彼をいらいらさせる）	▸	□ The noise from outside really gets on my nerves.（外からの騒音は本当に私をいらいらさせる）
□ get in touch with her（彼女と連絡を取る）	▸	□ I tried to get in touch with him on the phone, but he was absent.（私は彼と電話で連絡を取ろうとしたが、彼は不在だった）
□ get it right [straight]（正しく理解する）	▸	□ Do you get it?（分かった？ ➕Get it?と短縮して用いることも多い）
□ get the facts wrong（事実を誤解する）	▸	□ Don't get me wrong.（私のことを誤解しないでください）
□ get a glimpse of the top of Mount Fuji（富士山の頂上をちらりと見る ➕「今まで見えなかったが見える」というニュアンス）	▸	□ I got a glimpse of him as he walked down the street.（彼が通りを歩いているところを私はちらりと見かけた）
□ get hold of his arm（彼の腕をつかむ） □ get hold of him on the phone（彼と電話で連絡を取る）	▸	□ I tried to get hold of her but the line was busy.（私は彼女と連絡を取ろうとしたが、電話中だった）
□ get the better of an opponent（相手を負かす）	▸	□ She got the better of him in a chess game.（彼女はチェスで彼に勝った）
□ get A's hands on a concert ticket（コンサートのチケットを手に入れる）	▸	□ Police finally got their hands on the wanted suspect.（警察はついに指名手配中の容疑者を逮捕した）

continued ▼

Check 1 Chants 010

□ 057 **have** [get] A's (own) **way** ⊕way＝やり方	**自分の思い通りにする**、勝手なまねをする、我を通す
□ 058 **have difficulty** [trouble] (in) doing ⊕difficulty、trouble＝困難	**～するのが困難である**、～するのに苦労する
□ 059 **have faith in** A ⊕faith＝信用；信仰	**Aを信用する**；Aを信仰する
□ 060 **have an effect** [influence] **on** A ⊕effect、influence＝影響、効果	**Aに影響**［効果］**を及ぼす**
□ 061 **have trouble with** A ⊕trouble＝苦労	**Aで苦労する**、Aの調子が悪い
□ 062 **have every reason to** do ⊕reason＝理由	**～するのももっともだ**、～する理由は十分にある、～するのは当然である
□ 063 **have the courage to** do ⊕courage＝勇気、大胆さ	**～する勇気がある**；大胆にも～する（≒have the nerve to do）
□ 064 **have no choice** [alternative] **but to** do ⊕choice、alternative＝選択	**～するしかない**、～するよりほかに仕方がない、～せざるを得ない

32 ▸ 33

Day 3 007 Quick Review
答えは右ページ下

□ Aを明るみに出す □ 約束する □ Aにかかわらない □ 有効である
□ AをBに痛感させる □ Aを車に乗せてやる □ 冷静でいる □ 息を殺す
□ Aに見切りをつける □ 試しにAを使ってみる □ 約束を守る □ 屈しない
□ 崩れる □ Bによろしくと伝える □ Aから目を離さない □ 黙っている

Check 2 Phrases 011

□ let her have her way（彼女の思い通りにさせる）

□ have difficulty finding a job（仕事を見つけるのに苦労する）

□ have a lot of faith in him（彼をとても信用している）

□ have faith in Christianity（キリスト教を信仰している）

□ have an effect on global warming（地球温暖化に影響を及ぼす）

□ have an adverse effect on A（Aに逆効果を及ぼす）

□ have trouble with English pronunciation（英語の発音で苦労する）

□ have trouble with A's stomach（胃の調子が悪い）

□ have every reason to believe (that) ～（～と信じる理由［根拠］が十分にある）

□ have the courage to tell the truth（真実を述べる勇気がある）

□ have no choice but to go there（そこに行かざるを得ない）

Check 3 Sentences 012

□ He always has his own way.（彼はいつも勝手なまねをしている）

□ She seemed to have difficulty breathing.（彼女は息をするのが苦しそうだった）

□ I have faith in you whatever happens.（何が起きようとも私はあなたを信用している）

□ Haruki Murakami's books had a profound effect on me.（村上春樹の作品は私に大きな影響を与えた）

□ Almost all kids have trouble with friendships.（ほとんどすべての子どもたちは友人関係のことで苦労している）

□ She has every reason to be angry with him.（彼女が彼に怒っているのももっともだ）

□ He had the courage to ask her for a date.（彼は大胆にも彼女をデートに誘った）

□ He had no choice but to apologize to her.（彼は彼女に謝るほかに仕方がなかった）

Day 3 007
Quick Review
答えは左ページ下

□ bring A to light	□ give A's word	□ keep out of A	□ hold good
□ bring A home to B	□ give A a ride	□ keep A's head	□ hold A's breath
□ give up on A	□ give A a try	□ keep A's word	□ hold A's own
□ give way	□ give A's regards to B	□ keep an eye on A	□ hold A's tongue

Day 5 動詞 make

Check 1 Chants 013

□ 065 **make believe**	(～する) **ふりをする**、(～と) 見せかける (that節) (≒pretend)
□ 066 **make it**	❶(A [列車・会合など] に) **間に合う**、着く (to A) ❷(Aを) うまくやり遂げる (through A) ➕「困難なことをやり遂げる」というニュアンス ❸出席する、来る ❹(Aに) 成功する (in A)
□ 067 **make [kick up, raise] a fuss** ➕fuss＝大騒ぎ	❶**騒ぎ立てる**、大騒ぎする ➕「不平や怒りなどを表す際に必要以上に騒ぐ」というニュアンス ❷(make a fussで) (Aを) 派手にもてはやす (over A)
□ 068 **make a decision** ➕decision＝決定	(Aに関して) **決定** [決断] **を下す**、決定する、決心をする (on [about] A)
□ 069 **make an appointment** ➕appointment＝(面会の) 約束	(A [人] と) **会う約束をする** (with A)
□ 070 **make an effort** ➕effort＝努力	**努力する**
□ 071 **make money**	**金をもうける**、金持ちになる
□ 072 **make progress** ➕progress＝進歩	**進歩** [上達] **する** ➕progressの前に形容詞が来て、進歩の度合いを表すことが多い

continued ▼

今日は基本動詞make。ところで、「音読」はしてる？「聞く・読む」学習に加えて、「声に出す」と定着率もアップ！

□ 聞くだけモード Check 1
□ しっかりモード Check 1 ▸ 2
□ かんぺきモード Check 1 ▸ 2 ▸ 3

Check 2 Phrases 014

Check 3 Sentences 015

□ Let's make believe that we are A.（Aごっこをしよう）
▸ □ She made believe that she didn't know me.（彼女は私のことを知らないふりをした）

□ make it to the meeting（会議に間に合う；会議に出る）
□ make it through the winter（その冬を乗り切る）
▸ □ He made it to the station in time to catch the train.（彼はその電車に乗るために時間内に駅に着いた）

□ make a fuss about nothing（どうでもいいことで騒ぎ立てる）
□ make a fuss over a baby（赤ちゃんをちやほやする）
▸ □ Don't make a fuss!（［大したことでもないのに］大騒ぎするな！）

□ make a decision on the matter（その問題に関して決定を下す）
▸ □ The committee will make a decision next month.（委員会は来月、決定を下す予定だ）

□ make an appointment with her（彼女と会う約束をする）
▸ □ I made an appointment to see the doctor.（私は医者に診察してもらう予約をした）

□ make every effort（あらゆる努力をする）
□ make no effort（全く努力をしない）
▸ □ He made an effort to pass the entrance examination.（彼は入試に合格するために努力した）

□ make a lot of money（大金を稼ぐ）
▸ □ Making money is not the only purpose of life.（お金をもうけることが人生の唯一の目的ではない）

□ make rapid progress（急速な進歩を遂げる）
▸ □ China has made remarkable progress since the 1980s.（中国は1980年代から顕著な進歩を遂げてきている）

continued ▼

Check 1　Chants 013

□ 073 **make** (both) **ends meet**	**収入内で暮らす**［やりくりする］、収支を合わせる、分相応に暮らす　➕「必要な物を買うお金がある」というニュアンス。収支表の最後を合わせることから派生した熟語
□ 074 **make room for** A ➕room＝空間、場所	A（人・物）**に場所を空ける**、席を譲る
□ 075 **make a fool of** A ➕fool＝ばか者	❶A（人）**を笑いものにする**、ばかにする（≒make fun of A、make sport of A、play a joke on A） ❷（make a fool of oneselfで）物笑いの種になる、ばかなまね［こと］をする
□ 076 **make fun of** A ＝poke fun at A ➕fun＝楽しみ；ふざけ	A（人）**をからかう**、物笑いの種にする（≒make a fool of A、make sport of A、play a joke on A）　➕「相手を侮辱するような冗談を言う」というニュアンス
□ 077 **make much of** A	A**を重要視する**、重んじる、高く評価する（⇔make little of A）　➕しばしば「どうでもいいようなことを重要視する」というニュアンスを含む
□ 078 **make a point of** doing ➕point＝目的	**～するのを忘れない**、決まって～する、必ず～する（≒make it a point to do）　➕「そうすることが重要なので意識的にする」というニュアンス
□ 079 **make good on** A	A（目的・約束など）**を実行**［履行］**する**、果たす
□ 080 **make it a rule to** do ➕rule＝習慣	（意識的に）**～することにしている**、～するのを常にしている　➕「確実にいつもそうしようと努力する」というニュアンス。itはto不定詞を受ける仮目的語

Day 4　010
Quick Review
答えは右ページ下

□ Aをいらいらさせる
□ Aと連絡を取る
□ 理解する
□ Aを誤解する
□ Aをちらりと見る
□ Aをつかむ
□ Aに勝つ
□ Bを手に入れる
□ 自分の思い通りにする
□ ～するのが困難である
□ Aを信用する
□ Aに影響を及ぼす
□ Aで苦労する
□ ～するのももっともだ
□ ～する勇気がある
□ ～するしかない

Check 2 Phrases 014

Check 3 Sentences 015

Phrases		Sentences
□ work hard to make ends meet（収支を合わせるために一生懸命働く）	▶	□ He also works a part-time job on Sundays to make ends meet.（彼は収入内でやりくりするために毎週日曜日にパートタイムの仕事もしている）
□ make room for a pregnant woman [an old man]（妊婦［老人］に席を譲る）	▶	□ She made room for the cake in the refrigerator.（彼女は冷蔵庫の中にケーキを入れるための場所を空けた）
□ make a fool of him（彼を笑いものにする）	▶	□ Don't make a fool of yourself!（ばかなまねはするな！）
□ make fun of his appearance [accent]（彼の外見［なまり］をからかう）	▶	□ It's not a good thing to make fun of others.（人をからかうのはいいことではない）
□ make too much of A（Aを重要視し過ぎる、大げさに扱い過ぎる）	▶	□ He sometimes makes much of nothing.（彼は時々、どうでもいいことを重視することがある）
□ make a point of brushing A's teeth three times a day（1日3回、必ず歯を磨く）	▶	□ She makes a point of visiting her parents at least once a year.（彼女は少なくとも1年に1度は両親を訪ねるようにしている）
□ make good on A's debt（借金を返済する）	▶	□ He always makes good on his promises.（彼は常に約束を実行する）
□ make it a rule to study five hours a day（1日5時間は勉強することにしている）	▶	□ She makes it a rule not to borrow money from friends.（彼女は友達からお金を借りないことにしている）

Day 4 010
Quick Review
答えは左ページ下

□ get on A's nerves	□ get a glimpse of A	□ have A's way	□ have trouble with A
□ get in touch with A	□ get hold of A	□ have difficulty doing	□ have every reason to do
□ get it	□ get the better of A	□ have faith in A	□ have the courage to do
□ get A wrong	□ get A's hands on B	□ have an effect on A	□ have no choice but to do

Day 6

動詞
put ／ set

Check 1　Chants 🎧 016

□ 081
put on airs
➕air＝気取った態度

気取る、お高くとまる ➕「他人よりも自分のほうが重要な人物であるかのように振る舞う」というニュアンス

□ 082
put [bring] **A into action**
➕action＝行動

A（計画など）**を実行**［行動］**に移す**（≒carry out A、put [bring] A into practice、put [bring] A into effect）

□ 083
put [bring] **A into effect**
➕effect＝効果

A（法律など）**を実施する**；A（計画など）を実行する（≒carry out A、put [bring] A into action、put [bring] A into practice）

□ 084
put [bring] **A into practice**
➕practice＝実行、実施

Aを実行する（≒carry out A、put [bring] A into action、put [bring] A into effect）

□ 085
put A to death
➕death＝死

Aを死刑にする、殺す

□ 086
put A to sleep
➕sleep＝死；睡眠
㊀Aを眠らせる

❶**A**（動物）**を安楽死させる**
❷A（人・動物）に麻酔をかける

□ 087
put A to use
➕use＝使用

Aを使用［利用］**する**、Aを使う、用いる

□ 088
put emphasis [stress] **on A**
➕emphasis、stress＝強調

Aを強調［重要視］**する** ➕putの代わりにplace、layを用いることもある

continued ▼

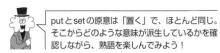

putとsetの原意は「置く」で、ほとんど同じ。そこからどのような意味が派生しているかを確認しながら、熟語を楽しんでみよう！

□ 聞くだけモード　Check 1
□ しっかりモード　Check 1 ▶ 2
□ かんぺきモード　Check 1 ▶ 2 ▶ 3

Check 2　Phrases 🎧 017

□ put on airs like a celebrity（有名人のようにお高くとまる）

□ put the plan into action（その計画を実行に移す）

□ put the regulations into effect（その法令を実施する）

□ put the policy into practice（その政策を実施する）
□ put theory into practice（理論を実践に移す）

□ put innocent people to death（罪のない人々を殺す）

□ put stray dogs to sleep（野良イヌを安楽死させる）
□ put the patient to sleep（その患者に麻酔をかける）

□ put time to good use（時間を十分に活用する）

□ put emphasis on the importance of education（教育の重要性を強調する）

Check 3　Sentences 🎧 018

□ He never puts on airs.（彼には気取ったところが全くない）

□ We should put the idea into action right away.（私たちはすぐにでもそのアイデアを実行に移すべきだ）

□ The new law will be put into effect on January 1, 2025.（その新しい法律は2025年1月1日に施行される予定だ）

□ We need some more time before we put the plan into practice.（その計画を実行する前に、私たちはもう少し時間が必要だ）

□ In many cases, injured race horses have to be put to death.（多くの場合、けがを負った競走馬は処分を免れない）

□ The doctor put her to sleep before the operation.（医者は手術の前に彼女に麻酔をかけた）

□ She is looking for a job where she can put her knowledge to good use.（彼女は自分の知識を十分に活用できる仕事を探している）

□ The former prime minister had repeatedly put emphasis on the need for economic reforms.（前首相は経済改革の必要性を繰り返し強調していた）

continued ▼

Check 1 Chants 016

☐ 089
put pressure on A
➕pressure＝（精神的な）圧力

A（人）**に**（～するよう）**圧力をかける**（to do）

☐ 090
to put it mildly
➕mildly＝穏やかに

控えめに言っても［言えば］、遠慮して言っても［言えば］（≒to say the least） ➕「実際はそれ以上に悪い」というニュアンス。文頭・文中で挿入的に使う

☐ 091
set [create] **a precedent**
➕precedent＝前例、先例

（Aに）**前例**［先例］**を作る**（for A）

☐ 092
set the pace
➕pace＝歩調

先導役を果たす；最先端を行く；模範を示す ➕「ほかの人々が模倣するような進展を見せる」というニュアンス

☐ 093
set the stage for A
㊁Aのために舞台を準備する

Aの用意をする、おぜん立てをする、きっかけとなる（≒prepare for A）

☐ 094
set foot in A

A（場所）**に立ち入る**、足を踏み入れる

☐ 095
set [lay] **eyes on A**

Aに目を留める、Aを見る ➕「驚きやショックで見つめる」というニュアンス

☐ 096
set A's heart on B
＝have A's heart set on B
➕heart＝心

Bを熱望［切望］**する**、Bを欲しいと思う

Day 5 013 Quick Review
答えは右ページ下

☐ ふりをする
☐ 間に合う
☐ 騒ぎ立てる
☐ 決定を下す
☐ 会う約束をする
☐ 努力する
☐ 金をもうける
☐ 進歩する
☐ 収入内で暮らす
☐ Aに場所を空ける
☐ Aを笑いものにする
☐ Aをからかう
☐ Aを重要視する
☐ ～するのを忘れない
☐ Aを実行する
☐ ～することにしている

Check 2　Phrases 🎧 017

Check 3　Sentences 🎧 018

□ put pressure on him to study harder（彼にもっと一生懸命に勉強するようプレッシャーをかける）

▸ □ My parents have been putting pressure on me to find a job.（私の両親は私に仕事を見つけるようにプレッシャーをかけている）

【Pop Quiz!】
make believeを1語で言い換えると？
▸答えは見出し番号065でチェック！

▸ □ To put it mildly, the movie was awful.（控えめに言っても、その映画はひどいものだった）

□ set a good [bad] precedent（よい［悪い］前例を作る）

▸ □ The case set a precedent for other decisions.（その裁判はほかの判決の先例となった）

□ set the pace in information technology（情報技術の先導役を果たす）

▸ □ The company is setting the pace in the computer industry.（その会社はコンピューター業界において最先端を行っている）

□ set the stage for war（戦争のきっかけとなる）

▸ □ Scientific developments set the stage for the Industrial Revolution.（科学の発達が産業革命のきっかけとなった）

□ set foot in the house（その家に立ち入る）

▸ □ Never set foot in my room!（私の部屋に二度と入るな！）

□ set eyes on a magnificent landscape（壮大な景色に目を留める）

▸ □ He loved her from the moment he set eyes on her.（彼女を見た瞬間から彼は彼女に恋をした）

□ set A's heart on a new toy for Christmas（クリスマスに新しいおもちゃを欲しがる）

▸ □ He's set his heart on a new car.（彼は新車を欲しがっている）

Day 5 🎧 013
Quick Review
答えは左ページ下

□ make believe	□ make an appointment	□ make ends meet	□ make much of A
□ make it	□ make an effort	□ make room for A	□ make a point of doing
□ make a fuss	□ make money	□ make a fool of A	□ make good on A
□ make a decision	□ make progress	□ make fun of A	□ make it a rule to do

動詞
その他の基本動詞1

Check 1 Chants 🎧 019

□ 097
break the ice
➕ice＝氷

❶(パーティーや会議などで) **座を打ち解けさせる**、話の口火を切る
❷(問題解決などの) 糸口を見つける

□ 098
call it a day

その日の仕事を終える、(仕事などを) 切り上げる ➕「十分に働いて疲れたので終える」というニュアンス

□ 099
catch fire

火がつく、燃えだす、燃え上がる

□ 100
catch A's breath
➕breath＝息

❶(運動の後などで) **一息つく**、休む
❷(驚きなどで) 息をのむ、かたずをのむ

□ 101
catch [get] sight of A
➕sight＝見ること、一見

Aをちらっと見る ➕「短い間にさっと目に入る」というニュアンス

□ 102
do A credit
＝do credit to A
➕credit＝名声、栄誉

Aの名誉 [誇り] となる、Aの評判を上げる (≒be a credit to A)

□ 103
do A good
＝do good to A
➕good＝役立つこと、利益

Aのためになる、Aの体にいい、Aに効果がある、Aの利益になる

□ 104
do A harm
＝do harm to A
➕harm＝危害、損害

Aに危害 [損害] を加える

continued ▼

Day 7からの3日間では、これまで取り上げた以外の基本動詞を使った熟語を見ていこう。どれもよく使うものばかり！

□ 聞くだけモード　Check 1
□ しっかりモード　Check 1 ▸ 2
□ かんぺきモード　Check 1 ▸ 2 ▸ 3

Check 2 Phrases 🎧 020		Check 3 Sentences 🎧 021
□ break the ice with him（[話などを始めて] 彼との緊張をほぐす）	▸	□ They played a couple of games at the party to break the ice.（彼らは座を打ち解けさせるため、パーティーでいくつかゲームをした）
□ Let's call it a day.（今日の仕事を切り上げよう）	▸	□ It's almost 10 p.m. — I think it's time to call it a day.（夜の10時近くだ—そろそろ仕事を終える時間だ）
□ quick [slow] to catch fire（火のつきが早い［遅い］）	▸	□ The chemical plant caught fire and caused a huge explosion.（その化学工場が燃えだし、大爆発を起こした）
□ sit down to catch A's breath（一息つくため座る） □ catch A's breath with surprise（びっくりして息をのむ）	▸	□ He stopped to catch his breath at the top of the mountain.（彼は山の頂上で一息つくために足を止めた）
□ catch sight of her（彼女をちらっと見かける）	▸	□ We suddenly caught sight of the ocean ahead of us.（私たちの前方に突然海が見えた）
□ do A great credit（Aの大きな名誉となる、Aの評判を大きく上げる）	▸	□ Her sincerity does her credit.（彼女の誠実さが彼女の評判を上げている）
□ do A no good（Aのために全くならない、Aの体に全くよくない）	▸	□ Let's go swimming. It'll do you good.（泳ぎに行こう。君の体にいいよ）
□ do A great harm（Aにとって大きな損害となる） □ do more harm than good（有害無益である）	▸	□ Smoking will do harm to your health.（喫煙は健康に危害を加える）

continued ▼

Check 1 Chants 019

□ 105
do A justice
= do justice to A
➕justice = 公正、公平

Aを公平［公正］に扱う、Aを正しく評価する、Aを正しく［よく］表している（⇔do A an injustice）

□ 106
draw [get] A's attention to B

Aの注意をBに向ける、Aの注意をBに引く

□ 107
drop A a line [note]
➕line = 行、note = 短い手紙

Aに手紙を書く、Aに一報する

□ 108
fall behind

❶(A［仕事など］で）**遅れる**；(A［借金・税金など］を）滞納する（with [on, in] A）
❷(fall behind Aで）A（予定・人など）より遅れる、後れを取る

□ 109
fall [come] short of A
➕short = 不足して

A（基準など）に達しない、及ばない ➕run short of Aは「(人が）Aを使い果たす」

□ 110
fall victim [prey] to A
➕victim、prey = 犠牲者；餌食

Aの犠牲［餌食］になる

□ 111
find A's way

(Bに）(やっと）**たどり着く**、苦労して進む（to B）

□ 112
find fault with A
➕fault = 責任、罪

Aのあら探しをする、Aを非難する、Aにけちをつける（≒criticize）、Aについて不平［文句］を言う（≒complain about [of] A） ➕「不当な形で頻繁に非難する」というニュアンス

Day 6 016
Quick Review
答えは右ページ下

□気取る	□Aを死刑にする	□Aに圧力をかける	□Aの用意をする	
□Aを実行に移す	□Aを安楽死させる	□控えめに言っても	□Aに立ち入る	
□Aを実施する	□Aを使用する	□前例を作る	□Aに目を留める	
□Aを実行する	□Aを強調する	□先導役を果たす	□Bを熱望する	

Check 2 Phrases 020

Check 3 Sentences 021

Check 2		Check 3
□ do his work justice（彼の作品を正しく評価する）	▶	□ This photo doesn't do me justice.（この写真は私のことを正しく表していない）
□ draw his attention to the painting（彼の注意をその絵に向ける）	▶	□ He tried to draw her attention to him.（彼は彼女の注意を自分に向けようとした）
□ drop her a line（彼女に手紙を書く）	▶	□ Please drop me a line sometime.（そのうち私に手紙を書いてください）
□ fall behind with the payments（支払いを滞らせる） □ fall behind schedule（予定より遅れる）	▶	□ He is falling behind in mathematics at school.（彼は学校で数学についていけないでいる）
□ fall short of expectations（期待を下回る）	▶	□ The company's profit fell short of its forecast.（その会社の収益は予想に達しなかった）
□ fall victim to a disaster（災害の犠牲になる）	▶	□ We should be careful not to fall victim to fraud.（私たちは詐欺の餌食にならないように注意したほうがいい）
□ find A's way to success（成功へ向けて苦労して進む）	▶	□ I was able to find my way to the hotel with the map.（地図があったので私はそのホテルにたどり着くことができた）
□ find fault with him（彼のあら探しをする）	▶	□ You should stop finding fault with everything.（君はいろいろなことにけちをつけるのをやめたほうがいい）

Day 6 016
Quick Review
答えは左ページ下

□ put on airs	□ put A to death	□ put pressure on A	□ set the stage for A
□ put A into action	□ put A to sleep	□ to put it mildly	□ set foot in A
□ put A into effect	□ put A to use	□ set a precedent	□ set eyes on A
□ put A into practice	□ put emphasis on A	□ set the pace	□ set A's heart on B

Day 8

動詞
その他の基本動詞2

Check 1　Chants 🎧 022

□ 113 **follow suit** ➕suit＝（トランプの）組み札 元前に出た札と同種の札を出す	**人のまねをする**、先例にならう
□ 114 **gain** [put on] **weight** ➕weight＝体重	**太る**、体重が増える（⇔lose weight）
□ 115 **gain** [get] **access to A** ➕access＝出入り［面会］の権利	**Aに出入り**［接近、面会］**する**
□ 116 **hit the road**	**旅に出る**、出発する
□ 117 **kill time**	**暇**［時間］**をつぶす**
□ 118 **know better**	（Aより）**分別がある**（than A）；（～するほど）愚か［ばか］ではない（than to do） ➕「間違いや過ちを避けられるほどに賢明で経験が豊かである」というニュアンス
□ 119 **lead the way**	❶**道案内する**、先頭に立つ、先導する ❷（Aで）一番である、最も卓越している（in A）
□ 120 **lose weight**	**やせる**、体重が減る（⇔gain [put on] weight）

continued ▼

【Pop Quiz!】は、前日までの熟語が身についているかをチェックするための「抜き打ちテスト」。忘れている熟語も結構あるのでは?!

□ 聞くだけモード　Check 1
□ しっかりモード　Check 1 ▶ 2
□ かんぺきモード　Check 1 ▶ 2 ▶ 3

Check 2 Phrases 🎧 023		Check 3 Sentences 🎧 024
【Pop Quiz!】 find fault with Aを1語で言い換えると? ▶答えは見出し番号112でチェック！	▶	□ When one store reduced its prices, others were forced to follow suit.（1つの店が値段を下げると、ほかの店もそれに従わざるを得なかった）
□ gain weight due to lack of exercise（運動不足で体重が増える）	▶	□ After about age 35, I started to gain weight.（35歳くらいを過ぎてから、私は太り始めた）
□ gain access to the building（その建物に出入りする）	▶	□ Only a few employees are allowed to get access to personal information.（ごくわずかの従業員しか個人情報を見ることを許されていない）
□ hit the road to New York（ニューヨークへ向けて旅に出る）	▶	□ It's getting late, so we'd better hit the road.（遅くなってきたので、私たちは出発したほうがいい）
□ kill time at a bookstore（本屋で暇をつぶす）	▶	□ I killed time by reading magazines.（私は雑誌を読んで暇をつぶした）
□ know better than him（彼より分別がある）	▶	□ He knows better than to say such a thing.（彼はそんなことを言うほど愚かではない）
□ lead the way to the museum（美術館まで道案内する） □ lead the way in technology（技術で最も卓越している）	▶	□ He led the way to the nearest station.（彼は最寄りの駅まで道案内をした）
□ lose weight by exercise（運動で減量する）	▶	□ To lose weight, you'd better cut down on fatty foods.（減量するなら、脂っこい食べ物を減らしたほうがいい）

continued
▼

Check 1 Chants 022

□ 121
lose A's temper
➕temper＝落ち着き；自制

怒りだす、かんしゃくを起こす、腹を立てる ➕「自制できないほどに急に怒りだす」というニュアンス

□ 122
lose sight of A
➕sight＝視界

❶**Aを見失う**、Aの消息が分からなくなる
❷Aを忘れる、見落とす ➕「最も重要なことを忘れる」というニュアンス

□ 123
pay A a visit
＝pay a visit to A
➕visit＝訪問

Aを訪問する、訪ねる

□ 124
play a role [part]
➕role、part＝役割、役

（Aで）**役割を果たす**；役を演じる（in A）

□ 125
play a joke on A

A（人）をからかう（≒make fun of A、make a fool of A、make sport of A）

□ 126
play a trick on A

A（人）にいたずらをする、だます ➕「驚くような悪ふざけをして笑わせる」というニュアンス

□ 127
pull A's leg
㊂Aの足を引っ張る

A（人）を（ふざけて）**だます**、かつぐ、からかう、一杯食わせる ➕日本語の「足を引っ張る」の意味では用いない

□ 128
read A's mind [thoughts]
➕mind、thought＝考え、意見

A（人）の心［考え］**を読み取る**、A（人）の心を見抜く

Day 7 019 Quick Review
答えは右ページ下

□ 座を打ち解けさせる
□ その日の仕事を終える
□ 火がつく
□ 一息つく
□ Aをちらっと見る
□ Aの名誉となる
□ Aのためになる
□ Aに危害を加える
□ Aを公平に扱う
□ Aの注意をBに向ける
□ Aに手紙を書く
□ 遅れる
□ Aに達しない
□ Aの犠牲になる
□ たどり着く
□ Aのあら探しをする

Check 2 Phrases 023

Check 3 Sentences 024

Check 2 Phrases		Check 3 Sentences
□ lose A's temper easily（すぐに怒りだす、気が短い）	▶	□ As the quarrel escalated, she lost her temper completely.（口げんかがエスカレートすると、彼女は完全に怒りだしてしまった）
□ lose sight of her（彼女の姿を見失う） □ lose sight of the objective（目標を見失う）	▶	□ Police lost sight of the man in the crowd.（警察は人込みの中でその男の姿を見失った）
□ pay him a visit at his office（彼のオフィスに彼を訪ねる）	▶	□ I paid my grandparents a visit last month.（私は先月、祖父母を訪ねた）
□ play a decisive [vital] role（決定的な［重要な］役割を果たす）	▶	□ He played a central role in the contract negotiations.（彼は契約交渉で中心的な役割を果たした）
□ play a joke on her（彼女をからかう）	▶	□ I soon realized he was playing a joke on me.（彼が私をからかっていることに私はすぐに気づいた）
□ play a trick on him（彼に悪ふざけをする）	▶	□ Some people play tricks on each other on April Fool's Day.（エープリルフールの日にお互いをだまし合う人たちもいる）
□ pull her leg（彼女をだます）	▶	□ Don't pull my leg!（私をからかうな！）
□ read her mind（彼女の気持ちを読み取る）	▶	□ It's very hard to read others' minds.（人の考えを読み取るのはとても難しい）

Day 7 019 Quick Review
答えは左ページ下

□ break the ice	□ catch sight of A	□ do A justice	□ fall short of A
□ call it a day	□ do A credit	□ draw A's attention to B	□ fall victim to A
□ catch fire	□ do A good	□ drop A a line	□ find A's way
□ catch A's breath	□ do A harm	□ fall behind	□ find fault with A

動詞
その他の基本動詞3

Check 1 Chants 025

□ 129 **read between the lines**	**行間を読み取る**、言外の意味を読み取る
□ 130 **run short** ➕short＝不足して	（しばしば進行形で）（物が）**なくなる**、不足する；（人が）（Aを）使い果たす、使い切る（of A）（≒run out） ➕fall [come] short of Aは「A（基準など）に達しない」
□ 131 **see the light**	❶（今まで理解できなかったことが）**やっと分かる**、理解する ❷入信する、改宗する
□ 132 **see eye to eye**	（A［人］と／Bについて）**意見が一致する**、見解が全く同じである（with A / on [over, about] B）
□ 133 **see much of** A	**A**（人）**とよく会う** ➕「A（人）とほとんど会わない」はsee little of A、「A（人）と全く会わない」はsee nothing of A
□ 134 **stand** [hold, keep] A's **ground** ➕ground＝立場、意見	**自分の立場**［意見］**を守る**、一歩も引かない ➕「反対意見があるにもかかわらず、自分の意見を変えようとしない」というニュアンス
□ 135 **talk** A **out of** doing	**A**（人）**を説得して〜させない**、〜するのをやめさせる ➕「A（人）を説得して〜させる」はtalk A into doing
□ 136 **think again**	（再考して）**考え**［意見、気持ち］**を変える**、考え直す、再考する ➕「最初の考えが間違っていたので、新しいアイデアを考える」というニュアンス

continued ▼

今日でChapter 1は最後！　時間に余裕があったら、pp.214～221のAppendixで、基本動詞を使ったほかの重要熟語もチェックしよう。

□ 聞くだけモード　Check 1
□ しっかりモード　Check 1 ▸ 2
□ かんぺきモード　Check 1 ▸ 2 ▸ 3

Check 2　Phrases 026

□ read between the lines of her words（彼女の言葉の言外の意味を読み取る）

□ Time's running short.（時間がなくなろうとしている）
□ run short of money（お金を使い果たす）

【Pop Quiz!】
gain [put on] weightと反対の意味の熟語は？
▸答えは見出し番号114でチェック！

□ see eye to eye with him on the matter（その件に関して彼と意見が一致する）

□ see much of each other at school（お互いに学校でよく会う）

【Pop Quiz!】
play a joke on Aと同じ意味の熟語は？
▸答えは見出し番号125でチェック！

□ talk her out of seeing him（彼女を説得して彼に会わせない）

□ think again about the matter（その件について考え直す）

Check 3　Sentences 027

□ If you read between the lines of what he said, you will understand his point.（彼が言ったことの言外の意味を読み取れば、彼の考えが分かるだろう）

□ Swimming pools may be closed this summer because water is running short.（水が不足してきているので、この夏は水泳プールは営業しないかもしれない）

□ When I showed my boss the details, he finally saw the light.（上司に詳細を見せると、彼はようやく理解してくれた）

□ They don't see eye to eye on everything.（彼らはいかなることについても意見が一致しない）

□ I don't see much of my girlfriend these days.（私は最近、ガールフレンドとあまり会っていない）

□ Although there were many objections to his plan, he stood his ground.（彼の計画に対して多くの反対意見があったが、彼は一歩も引かなかった）

□ His colleagues talked him out of leaving the company.（彼の同僚たちは彼を説得して会社を辞めさせなかった）

□ If you want to marry him, maybe you'd better think again.（もしも彼と結婚したいのなら、考えを変えたほうがいいかもしれない）

continued ▼

Check 1　Chants 025

□ 137
think twice
㊜2度考える
▸ (～する前に) **よく考える**、熟考する (before doing、before ～) ➕「危険性や問題点を理解しているのでよく考える」というニュアンス ▸

□ 138
think better of A
▸ **Aを考え直す** (≒reconsider)、考え直してやめる；Aを見直す ➕「最初のアイデアがよくなかったのでやめる」というニュアンス ▸

□ 139
think little of A
▸ **Aを軽視** [軽蔑] **する**、軽んじる ➕「自分より低いものとして見なす」というニュアンス。think nothing of Aは「A (～するの) を何とも思わない、苦にしない (doing)」 ▸

□ 140
think much of A
▸ (通例、否定文で) **Aを高く評価する**、重んじる、大したものだと思う ➕肯定文では、think a lot [highly] of Aを使うのが普通 ▸

□ 141
turn a deaf ear
➕deaf＝耳を傾けない；耳が聞こえない
▸ (A [要求など] に) **耳を貸さない**、注意を払わない (to A) ▸

□ 142
turn A's back on B
➕back＝背中
㊜Bに背を向ける
▸ ❶**Bを見捨てる**、捨てる ➕「助けなかったり、巻き込まれるのを避ける」というニュアンス
❷Bを無視する ▸

□ 143
watch A's step
▸ ❶**慎重に** [用心深く] **振る舞う**、用心して行動する ➕「人を怒らせないように注意する」というニュアンス
❷注意して歩く、足元に気をつける ▸

□ 144
work A's way
▸ ❶(Aまで) **努力して** [働いて] **出世する** (to A)；(Aを) 終える (through A)
❷(Aを) 苦労して進む (through A) ▸

Day 8 022 Quick Review
答えは右ページ下

□ 人のまねをする
□ 太る
□ Aに出入りする
□ 旅に出る
□ 暇をつぶす
□ 分別がある
□ 道案内する
□ やせる
□ 怒りだす
□ Aを見失う
□ Aを訪問する
□ 役割を果たす
□ Aをからかう
□ Aにいたずらをする
□ Aをだます
□ Aの心を読み取る

Check 2 Phrases 026

Check 3 Sentences 027

Check 2	Check 3
□ think twice before buying a new car（新車を買う前によく考える）	□ Think twice before making a decision.（決断する前によく考えなさい）
□ think better of the idea（そのアイデアを考え直す） □ think better of her（彼女のことを見直す）	□ He had planned to study abroad, but he thought better of it.（彼は留学を計画していたが、考え直してやめた）
□ think little of him（彼を軽視する） □ think little of her opinion（彼女の意見を軽視する）	□ The boss thinks little of his subordinates.（その上司は部下のことを見下している）
□ think much of the movie（その映画を高く評価する）	□ I don't think much of that new computer.（私はその新しいコンピューターをあまり評価していない）
□ turn a deaf ear to the people's demand（人々の要求に耳を貸さない）	□ She turned a deaf ear to my advice.（彼女は私の助言に耳を貸さなかった）
□ turn A's back on the poor（貧しい人々を見捨てる） □ turn A's back on reality（現実を無視する）	□ I will never turn my back on you.（私は絶対にあなたを見捨てはしない）
□ Please watch your step.（足元に気をつけてください）	□ You'd better watch your step if you don't want to get into trouble.（面倒に巻き込まれたくなかったら、慎重に行動したほうがいい）
□ work A's way through college（働きながら大学を出る） □ work A's way through a crowd（人込みの中を進む）	□ He worked his way to the top of the company.（彼は努力して会社のトップまで出世した）

Day 8 022 Quick Review
答えは左ページ下

□ follow suit	□ kill time	□ lose A's temper	□ play a joke on A
□ gain weight	□ know better	□ lose sight of A	□ play a trick on A
□ gain access to A	□ lead the way	□ pay A a visit	□ pull A's leg
□ hit the road	□ lose weight	□ play a role	□ read A's mind

Chapter 1 Review

左ページの(1)〜(20)の熟語の同意熟語・類義熟語（または同意語・類義語）(≒)、反意熟語・反対熟語（または反意語・反対語）(⇔) を右ページのA〜Tから選び、カッコの中に答えを書き込もう。意味が分からないときは、見出し番号を参照して復習しておこう（答えは右ページ下）。

- ☐ (1) go too far (002) ≒は? (　　)
- ☐ (2) go astray (003) ≒は? (　　)
- ☐ (3) go into effect (005) ≒は? (　　)
- ☐ (4) come to (010) ≒は? (　　)
- ☐ (5) take measures (020) ≒は? (　　)
- ☐ (6) take A into account (024) ≒は? (　　)
- ☐ (7) take delight in A (026) ≒は? (　　)
- ☐ (8) take notice of A (030) ≒は? (　　)
- ☐ (9) bring A to light (033) ≒は? (　　)
- ☐ (10) give way (036) ≒は? (　　)
- ☐ (11) keep A's word (043) ⇔は? (　　)
- ☐ (12) get the better of A (055) ≒は? (　　)
- ☐ (13) have the courage to do (063) ≒は? (　　)
- ☐ (14) make believe (065) ≒は? (　　)
- ☐ (15) make a fool of A (075) ≒は? (　　)
- ☐ (16) make much of A (077) ⇔は? (　　)
- ☐ (17) put A into action (082) ≒は? (　　)
- ☐ (18) to put it mildly (090) ≒は? (　　)
- ☐ (19) find fault with A (112) ≒は? (　　)
- ☐ (20) think better of A (138) ≒は? (　　)

A. reveal
B. get lost
C. criticize
D. take pleasure in A
E. pretend
F. go to extremes
G. carry out A
H. collapse
I. make a move
J. defeat
K. break A's promise
L. make fun of A
M. come around
N. have the nerve to do
O. take effect
P. reconsider
Q. allow for A
R. make little of A
S. pay attention to A
T. to say the least

【解答】(1) F (2) B (3) O (4) M (5) I (6) Q (7) D (8) S (9) A (10) H
(11) K (12) J (13) N (14) E (15) L (16) R (17) G (18) T (19) C (20) P

CHAPTER 2

前置詞・副詞で覚える熟語

Chapter 2では、前置詞と副詞を使った熟語を身につけていきます。まず最初に、Introductionのコーナーで、各前置詞・副詞の意味と用法を押さえから、Day 10をスタートしましょう！

なあ、ジェニーとマイクが別れたって知ってた？　これで彼女をデートに誘えるぜ！

Hey, did you know Jenny and Mike (　　　) (　　　)? Now it's my chance to ask her out!

答えは Day 19でチェック!

□ Introduction　前置詞・副詞の意味と主な用法

前置詞とその原意・用法の種類　＊用法の種類は厳密なものでなく、熟語の意味の違いで異なることもあります

前置詞 **on** ▶ Day 10	**原意：～に接して** **用法の種類：**❶状態　❷基礎　❸依存　❹対象　❺手段 ➕「前置詞＋名詞」型の熟語では、❶と❷の用法が多いが、それ以外では❸以降の用法も多く使われる
前置詞 **in** ▶ Day 11	**原意：～の中に［で、の］** **用法の種類：**❶状態　❷表現方法　❸場所　❹対象　❺時 ➕「前置詞＋名詞」型の熟語では、❶と❷の用法が多いが、それ以外では❸以降の用法も多く使われる
前置詞 **out of** ▶ Day 12	**原意：～の中から外へ** **用法の種類：**❶状態　❷原因　❸運動 ➕inの❶と対応して、「ある状態から離れて」という否定の意味を表すことが多い
前置詞 **to** ▶ Day 13	**原意：～へ、～に；～の方へ** **用法の種類：**❶感情　❷対象　❸程度　❹一致　❺比較　❻到達　❼付属　❽執着　❾結果
前置詞 **at** ▶ Day 14	**原意：～に；～において** **用法の種類：**❶時点・地点　❷任意　❸原因　❹状態　❺極限　❻代償　❼目標
前置詞 **for** ▶ Day 15	**原意：～のために［の］** **用法の種類：**❶目的　❷準備　❸期間　❹関連　❺特性　❻代用　❼理由　❽方向
前置詞 **of** ▶ Day 15	**原意：～の；～から離れて** **用法の種類：**❶性質　❷関連　❸原因　❹分離　❺構成 ➕「前置詞＋名詞」型の熟語では、❶の用法が多いが、それ以外では❷以降の用法も多く使われる
前置詞 **with** ▶ Day 15	**原意：～と（一緒に）；～を相手に** **用法の種類：**❶様態　❷一致　❸対象　❹所持　❺材料 ➕「前置詞＋名詞」型の熟語では、❶の用法が多いが、それ以外では❷以降の用法も多く使われる
前置詞 **from** ▶ Day 15	**原意：～から（離れて）** **用法の種類：**❶起点　❷要求　❸分離　❹起源　❺相違 ➕「前置詞＋名詞」型の熟語では、❶の用法が多いが、それ以外では❷以降の用法も多く使われる
前置詞 **by** ▶ Day 16	**原意：～のそばに［で、の］** **用法の種類：**❶手段　❷原因　❸関連　❹準拠　❺位置　❻単位
前置詞 **under** ▶ Day 16	**原意：～の下に** **用法の種類：**❶過程　❷従属　❸事情

continued ▼

各Dayの学習に入る前に、まずは前置詞・副詞の意味と用法を軽く押さえておこう。基本動詞のときと同様、ここでもあまり難しく考えなくてもOK。各前置詞・副詞の元々の意味（原意）と主な用法を大体の「イメージ」として覚えよう。

熟語の例　＊カッコ内の数字は見出し番号を表します

❶on **air**：放送中で（145）
❷on **balance**：すべてを考慮すると（150）

---

❶in **a row**：連続して（161）
❷in **addition**：その上（162）

---

❶out of **bounds**：（場所が）立ち入り禁止で（177）
❷out of **curiosity**：好奇心から（179）
❸out of **nowhere**：どこからともなく（182）

---

❶to A's **delight**：（Aが）喜んだことには（193）
❷to A's **face**：A（人）に面と向かって（195）
❸to A's **knowledge**：A（人）の知る限りでは（197）
❹to A's **taste**：（A［人］の）好みに合うように（200）

---

❶at A's **convenience**：（Aが）都合のよい時に（209）
❷at A's **disposal**：自由に処分できる［使える］（210）
❸at **first glance**：一見したところでは（211）
❹at **issue**：論争［係争］中の（214）

---

❶for **a change**：いつもと違って（225）
❷for **a rainy day**：万一に備えて（226）
❸for **life**：死ぬまで（の）（228）
❹for **all I know**：私が知る限りでは（230）

---

❶of **use**：役に立つ（231）

---

❶with **delight**：大喜びで（233）

---

❶from **scratch**：ゼロから（237）

---

❶by **air**：飛行機で（241）
❷by **any chance**：ひょっとして（242）
❸by **birth**：生まれは（243）
❹by **choice**：好きで（244）

---

❶under **construction**：（建物・道路などが）建設［工事］中で（250）
❷under **control**：制御［統御］されて（251）
❸under **the circumstances**：そういう［こういう］事情なので［では］（253）

---

continued
▼

□ Introduction

副詞とその原意・用法の種類

副詞 **on** ▶ Day 17	**原意：**（物の）上に（接して） **用法の種類：**❶付着　❷継続　❸所持　❹作動
副詞 **off** ▶ Day 17	**原意：**離れて **用法の種類：**❶分離　❷休止　❸解放　❹強調
副詞 **out** ▶ Day 18	**原意：**（内から）外へ **用法の種類：**❶方向　❷完了　❸離脱　❹停止　❺出現
副詞 **up** ▶ Day 19	**原意：**上へ；立って **用法の種類：**❶合計　❷方向　❸運動　❹完了　❺状態　❻出現
副詞 **down** ▶ Day 20	**原意：**下へ **用法の種類：**❶減少　❷休止　❸抑制　❹運動　❺記入　❻状態
副詞 **in** ▶ Day 21	**原意：**中へ［に］
副詞 **over** ▶ Day 21	**原意：**上方に；越えて
副詞 **back** ▶ Day 22	**原意：**後ろへ；下がって；戻って
副詞 **away** ▶ Day 22	**原意：**離れて；あちらへ
副詞 **around** ▶ Day 22	**原意：**周囲に；ぶらぶらと

熟語の例

❶add on A [A on]：Aをつけ加える［つけ足す］（257）
❷pass on A [A on]：A（情報・話など）を伝える（258）

---

❶break off A [A off]：A（関係・交渉など）を打ち切る（261）
❷finish off A [A off]：A（飲食物）を食べ［飲み］終える（262）
❸lay off A [A off]：A（人）を一時解雇する（264）
❹pay off A [A off]：A（借金）を完済する（265）

---

❶ask out A [A out]：Aをデートに誘う（273）
❷fill out A [A out]：Aに必要事項を記入する（274）
❸rule out A [A out]：Aを考慮から外す（278）
❹die out：絶滅する（285）

---

❶add up A [A up]：A（数字）を合計する（289）
❷back up A [A up]：A（車など）をバック［後退］させる（290）
❸brush up A [A up]：A（外国語・知識など）を勉強し直す（291）
❹clear up A [A up]：A（問題など）を解決する（293）

---

❶bring down A [A down]：A（値段・費用）を下げる（305）
❷close down A [A down]：A（店など）を閉鎖［廃業］する（306）
❸face down A [A down]：A（人）を威圧する（307）
❹lay down A [A down]：A（武器・希望など）を捨てる（310）

---

factor in A [A in]：Aを計算に入れる（322）

---

carry over A [A over]：A（事）を持ち越す（329）

---

cut back A [A back]：Aを削減［縮小］する（337）

---

throw away A [A away]：A（物）を捨てる（345）

---

come around：ぶらっと［ちょっと］訪れる（349）

前置詞
on

Check 1 Chants 028

□ 145 **on (the) air**	**放送中で**；放送されて（⇔off air） ⊕in the airは「（雰囲気などが）漂って」
□ 146 **on a diet**	**ダイエット中で**、減量中で
□ 147 **on a large scale** ⊕scale＝規模	**大規模に** ⊕largeの代わりにgrandを用いることもある。「小規模に」はon a small scale
□ 148 **on A's feet**	❶**立っている状態で**［の］；立ち上がって ⊕on footは「徒歩で」 ❷（経済的に）独立して；（不振後）立ち直って ❸（病後）元気になって
□ 149 **on A's mind**	（事が）（A［人］の）**気にかかって**、気がかりで、心配で
□ 150 **on balance**	**すべてを考慮すると**、結局のところ（≒all things considered、all in all） ⊕off balanceは「バランスを失って；平静を失って」
□ 151 **on end**	❶**立て続けに**、続けて、継続的に ❷直立して
□ 152 **on (A's) guard** ⊕guard＝警戒	（Bに）**警戒**［用心］**して**（against B） ⊕「一定の期間、ある人・場所を監視する責任がある」というニュアンス

continued ▼

Chapter 2では、前置詞と副詞を使った熟語をチェック！　今日から7日間は、「前置詞＋名詞」型の熟語を見ていこう。

□ 聞くだけモード　Check 1
□ しっかりモード　Check 1 ▸ 2
□ かんぺきモード　Check 1 ▸ 2 ▸ 3

Check 2　Phrases 029	Check 3　Sentences 030
□ send [put] A on (the) air（Aを放送する）	□ The program will be on (the) air tomorrow.（その番組は明日放送される予定だ）
□ be on a diet（ダイエット中である） □ go on a diet（ダイエットを始める）	□ The doctor advised me to go on a diet.（医者は私に減量をするよう助言した）
□ hold a conference on a large scale（大規模に会議を開催する）	□ The company developed the project on a large scale with a huge budget.（その会社は巨額の予算をかけて大規模にプロジェクトを推進した）
□ stay on A's feet（立ち続ける） □ be back on A's feet（[状況などが] よくなる；[病気などから] 回復する）	□ He was tired from standing on his feet all day.（彼は1日中立ちっ放しで疲れていた）
□ What's on your mind?（何か気がかりなことがあるのですか？）	□ She seemed to have a lot on her mind.（彼女は気がかりなことがたくさんあるようだった）
【Pop Quiz!】 run shortと同じ意味の熟語は？ ▸答えは見出し番号130でチェック！	□ On balance, the report was satisfactory.（すべてを考慮すると、その報告書は満足のいくものだった）
□ for days [weeks] on end（何日間［何週間］も立て続けに） □ put [stand] A on end（Aを立てる）	□ She practiced the piano for hours on end.（彼女は何時間も立て続けにピアノを練習した）
□ a policeman on guard（警備中の警官） □ be on guard against fire（火事に注意している）	□ You should be on guard against pickpockets on the train.（電車の中ではすりに警戒したほうがいい）

continued ▼

Check 1 Chants 028

□ 153
on hand

❶**手持ちの**、手元に、手近に ➕「必要なときのために近くに用意されて」というニュアンス。at handは「近くに[の]」、in handは「支配［管理、制御］して」
❷(事が) 差し迫って、間近に

□ 154
on leave
➕leave＝休暇

休暇中で ➕通例、病気や出産・育児など、娯楽以外の理由で休暇を取っていることを表す

□ 155
on schedule

予定通りに（≒on time） ➕ahead of scheduleは「予定より早く」、behind scheduleは「予定より遅れて」

□ 156
on second thought
➕thought＝考え

考え直した結果、考え直して

□ 157
on the contrary
➕contrary＝逆

❶(相手・自分の言ったことを否定して) **それどころか**、そうではなくて ➕to the contraryは「それと反対に［の]」
❷見方を変えれば、しかしながら

□ 158
on the go

(常に) **忙しく働いて**、絶えず活動して、働き詰めで

□ 159
on the increase
➕increase＝増加

増加[増大]**して**（≒on the rise ⇔on the decrease）

□ 160
on the whole
➕whole＝全体、全部

❶**全体から見て**、総合的に考えてみると
❷一般に、概して

Day 9 025
Quick Review
答えは右ページ下

□ 行間を読み取る
□ なくなる
□ やっと分かる
□ 意見が一致する
□ Aとよく会う
□ 自分の立場を守る
□ Aを説得して～させない
□ 考えを変える
□ よく考える
□ Aを考え直す
□ Aを軽視する
□ Aを高く評価する
□ 耳を貸さない
□ Bを見捨てる
□ 慎重に振る舞う
□ 努力して出世する

Check 2 Phrases 029

Check 3 Sentences 030

Check 2 Phrases		Check 3 Sentences
□ have A on hand（Aを手元に置いている）	▸	□ I have no cash on hand.（手持ちのお金が全くない）
□ on sick leave（病気休暇中で）	▸	□ My wife is now on maternity leave for a year.（妻は現在、1年間の出産育児休暇中だ）
□ arrive on schedule（予定通りに到着する）	▸	□ Everything is on schedule with no problems.（すべてが全く問題なく予定通りに進んでいる）
【Pop Quiz!】 see much of Aは「A（人）とよく会う」。では「A（人）と全く会わない」は？ ▸答えは見出し番号133でチェック！	▸	□ On second thought, she decided to cancel the trip to France.（考え直した結果、彼女はフランス旅行をキャンセルすることに決めた）
【Pop Quiz!】 think better of Aを1語で言い換えると？ ▸答えは見出し番号138でチェック！	▸	□ "You look sick." "On the contrary, I'm feeling great!"（「体の調子が悪いみたいだけど」「とんでもない、元気ですよ！」）
□ be always on the go（常に忙しくしている）	▸	□ She's always on the go for her job.（彼女はいつも仕事で忙しくしている）
□ be constantly [steadily] on the increase（絶えず［着々と］増加している）	▸	□ Violent crime is on the increase in Japan.（日本では凶悪犯罪が増加している）
【Pop Quiz!】 think little of Aは「Aを軽視する」。では「Aを何とも思わない」は？ ▸答えは見出し番号139でチェック！	▸	□ On the whole, the project was a success.（全体から見て、そのプロジェクトは成功だった）

Day 9 025
Quick Review
答えは左ページ下

□ read between the lines	□ see much of A	□ think twice	□ turn a deaf ear
□ run short	□ stand A's ground	□ think better of A	□ turn A's back on B
□ see the light	□ talk A out of doing	□ think little of A	□ watch A's step
□ see eye to eye	□ think again	□ think much of A	□ work A's way

Day 11 前置詞 in

Check 1 Chants 031

□ 161 **in a row** ➕row＝（横に並んだ）列 ㊎1列に	**連続して**（≒in succession）
□ 162 **in addition** ➕addition＝追加	(既述のことを受けて)**その上**、さらに(≒what is more、to boot、moreover、besides)；(Aに) 加えて (to A)
□ 163 **in any case** [event] ➕case、event＝場合	**いずれにしても**、とにかく、どうであろうと（≒at any rate、anyway）
□ 164 **in brief** ➕brief＝簡潔	**手短に言えば**、要約すると；手短に、簡単に(≒in short、in a word、to be short [brief])
□ 165 **in demand** ➕demand＝需要	**需要がある** ➕on demandは「請求［要求］に応じて」
□ 166 **in earnest** ➕earnest＝まじめ、本気	❶**真剣に**［で］、まじめに［で］、本気に［で］ ❷本格的に［で］
□ 167 **in haste** ➕haste＝急ぐこと	**急いで**（≒in a hurry、in a rush）；慌てて
□ 168 **in itself**	**本質的に**、それ自体、本来 ➕「ほかの考えや状況を考慮せずに」というニュアンス

continued ▼

今日は「前置詞in＋名詞」型の熟語を見ていこう。見出しの下にある➕マークで単語の意味も押さえれば、定着度もアップするはず。

□ 聞くだけモード　Check 1
□ しっかりモード　Check 1 ▸ 2
□ かんぺきモード　Check 1 ▸ 2 ▸ 3

Check 2　Phrases 🎧 032	Check 3　Sentences 🎧 033
□ twice [three times] in a row（2回［3回］連続して）	□ The Yankees won five games in a row.（ヤンキースは5連勝した）
□ in addition to that（それに加えて）	□ It was hot yesterday, and in addition, it was humid.（昨日は暑かったし、その上湿度も高かった）
【Pop Quiz!】 on (the) airと反対の意味の熟語は？ ▸答えは見出し番号145でチェック！	□ In any case, you should apologize to her.（いずれにしても、君は彼女に謝ったほうがいい）
【Pop Quiz!】 on balanceと同じ意味の熟語は？ ▸答えは見出し番号150でチェック！	□ In brief, the meeting was fruitless.（手短に言えば、その会議は実りのないものだった）
□ goods in great demand（需要の多い商品）	□ Computer science graduates are in high demand in today's job market.（コンピューター・サイエンス専攻の卒業生は、今日の雇用市場で高い需要がある）
□ work in earnest（真剣に働く） □ rain in earnest（［itを主語にして］本格的に雨が降る）	□ You should study in earnest for the entrance exam.（君は入試へ向けて真剣に勉強したほうがいい）
□ run in haste（急いで走る）	□ Marry in haste, repent at leisure.（急いで結婚、ゆっくり後悔　➕ことわざ）
□ thing-in-itself（物自体　➕カント哲学の用語で、人間の経験・認識を超えた存在のこと）	□ The plot of the novel is interesting in itself, but the ending is poor.（その小説の筋それ自体は面白いが、結末がお粗末だ）

continued
▼

Check 1 Chants 031

□ 169
in person
➕person＝人

（代理でなく）**自分で**、自ら、本人が直接に ➕「手紙を出したり、電話をしたり、または代理を立てたりしないで」というニュアンス

□ 170
in private
➕private＝秘密の

内密に、内緒で、こっそりと；非公式に（≒in secret、secretly ⇔in public） ➕「当事者以外は誰もいない所で」というニュアンス

□ 171
in return
➕return＝返礼

（Aの）**お返しに**、返礼として、代わりに（for A）（≒in exchange） ➕「相手が何かをしてくれたことに対する返礼として」というニュアンス

□ 172
in succession
➕succession＝連続

連続して、続けざまに（≒in a row） ➕「間にほかのことが起きずに連続で」というニュアンス

□ 173
in the air
➕air＝空気
㊀空中に

❶（雰囲気などが）**漂って**、気配がして ➕on (the) airは「放送中で」
❷（うわさなどが）広まって

□ 174
in theory
➕theory＝理論

理論的には、理論上は（⇔in practice） ➕「そうなるかどうか実際上は分からないが、理論的には」というニュアンス

□ 175
in turn
➕turn＝順番

❶**順番に**、代わる代わる；交代で（≒by turns）
❷同様に、今度は

□ 176
in vain
➕vain＝無駄な

❶**無駄に**、むなしく（≒to no avail、vainly） ➕通例、過去時制で用い、「努力はしたものの、結局できなかった」というニュアンスを表す
❷無駄な、むなしい
❸みだりに、軽々しく

Day 10 028
Quick Review
答えは右ページ下

□放送中で	□気にかかって	□手持ちの	□それどころか
□ダイエット中で	□すべてを考慮すると	□休暇中で	□忙しく働いて
□大規模に	□立て続けに	□予定通りに	□増加して
□立っている状態で	□警戒して	□考え直した結果	□全体から見て

Check 2 Phrases 032

Check 3 Sentences 033

☐ meet him in person（彼に直接会う）

▸ ☐ You should go and apologize to her in person.（君は自分で彼女の所へ行って謝るべきだ）

☐ meet her in private（彼女とこっそり会う）

▸ ☐ I talked about it with him in private.（私はその件について彼と内密に話し合った）

☐ ask for nothing in return（見返りとして何も要求しない）

▸ ☐ She works at the golf course in return for golf lessons.（彼女はゴルフのレッスンを受ける代わりに、そのゴルフ場で働いている）

☐ in close [quick] succession（立て続けに、矢継ぎ早に）

▸ ☐ The concert was held for five days in succession.（そのコンサートは5日間連続で開催された）

☐ It's in the air that ~.（~といううわさが広まっている）

▸ ☐ There was a sense of tension in the air in the office.（オフィスには緊張感が漂っていた）

【Pop Quiz!】
on scheduleと同じ意味の熟語は？
▸答えは見出し番号155でチェック！

▸ ☐ It is possible in theory, but difficult in practice.（それは理論的には可能だが、実際には難しい）

☐ interview the applicants in turn（志願者を順番に面接する）

▸ ☐ The host of the party spoke to the guests in turn.（パーティーの主催者は招待客に代わる代わる話しかけた）

☐ tried in vain to do（~しようとしたが無駄だった）
☐ labor in vain（無駄骨）

▸ ☐ He tried in vain to ask her out.（彼は彼女をデートに誘おうとしたが駄目だった）

Day 10 028
Quick Review
答えは左ページ下

☐ on air
☐ on a diet
☐ on a large scale
☐ on A's feet
☐ on A's mind
☐ on balance
☐ on end
☐ on guard
☐ on hand
☐ on leave
☐ on schedule
☐ on second thought
☐ on the contrary
☐ on the go
☐ on the increase
☐ on the whole

Day 12 前置詞
out of

Check 1 Chants 034

□ 177 **out of bounds** ➕bound＝範囲、境界 元（球技で）場外の［で］	（場所が）（A に対して）**立ち入り禁止で**（to [for] A）；（行為などが）禁止の
□ 178 **out of court** ➕court＝法廷	❶**示談で**、法廷外で ❷（審理が不必要で）法廷から却下されて；（提案などが）問題にされないで
□ 179 **out of curiosity** ➕curiosity＝好奇心	❶**好奇心から**、物好きに ❷（質問文につけて）ちょっとお聞きするだけですが
□ 180 **out of hand**	**手に負えない**（で）、手に余って、抑え切れない（≒out of control）
□ 181 **out of line** 元列を成さないで	（言動などが）**適当でない**、社会通念［慣行］に合わない ➕「ある特定の状況においてふさわしくない」というニュアンス
□ 182 **out of nowhere** ＝from nowhere	**どこからともなく** ➕「突然、警告もなしに」というニュアンス
□ 183 **out of place**	❶**場違いの**、不適当な ➕「ある状況や機会にふさわしくない」というニュアンス ❷所定の位置にない、正しい場所にない（⇔in place）
□ 184 **out of print** ➕print＝印刷	（本が）**絶版になって**

continued ▼

前置詞out ofを使った熟語は、「ある状態から離れて」という否定の意味を持ったものが多いのが特徴。ニュアンスを感じながら学習しよう。

□ 聞くだけモード　Check 1
□ しっかりモード　Check 1 ▶ 2
□ かんぺきモード　Check 1 ▶ 2 ▶ 3

Check 2　Phrases 🎧 035		Check 3　Sentences 🎧 036
□ be out of bounds for discussion（[話題などが] 議論することが許されていない）	▶	□ The military base is out of bounds to civilians.（その軍用基地は一般市民の立ち入りを禁止している）
□ settle the case out of court（その事件を示談で解決する） □ laugh A out of court（Aを一笑に付す、無視する）	▶	□ The plaintiffs and defendants agreed to settle out of court.（原告側と被告側は示談で解決することに合意した）
□ ask out of curiosity（興味本位で尋ねる）	▶	□ He went to an opera just out of curiosity.（彼はほんの好奇心からオペラを見に行った）
□ get out of hand（手に負えなくなる、収拾がつかなくなる）	▶	□ The situation is getting out of hand.（状況は収拾がつかなくなってきている）
□ be way out of line（とても不適当である　➕このwayは副詞で「はるかに、とても」という意味）	▶	□ What he said was completely out of line.（彼が言ったことは完全に不適当だった）
□ appear [come] out of nowhere（どこからともなく現れる）	▶	□ I heard a voice coming out of nowhere.（どこからともなく声がするのが聞こえた）
□ feel out of place（場違いに感じる） □ look out of place（場違いに見える）	▶	□ He felt completely out of place in a luxurious restaurant.（彼は豪華なレストランで全く自分が場違いのように感じた）
□ become out of print（絶版になる）	▶	□ The book is now out of print.（その本は現在、絶版になっている）

continued ▼

Check 1 Chants 🎧 034

□ 185 **out of reach** ＝beyond the reach ➕reach＝届く範囲	❶**手の届かない所に**（⇔within reach） ❷力の及ばない
□ 186 **out of shape** ➕shape＝調子	**体調が悪くて**（⇔in shape）
□ 187 **out of the [A's] way**	❶**邪魔**［妨害］**にならないように**［所で］（⇔in the [A's] way） ❷（out of the wayで）人里離れて ❸（out of the wayで）片づいて、始末がついて ➕「困難なことや嫌なことが片づいて」というニュアンス
□ 188 **out of the blue**	**出し抜けに**、思いがけなく、突然 ➕「突然、警告もなしに」というニュアンス
□ 189 **out of the ordinary** ➕ordinary＝普通の程度	❶**異常な**、普通でない ❷飛び切り上等の、特別よい
□ 190 **out of the woods** ➕wood＝森 ㊍森の中から出て	（通例、否定文で）**危険**［困難］**を逃れて**
□ 191 **out of tune** ➕tune＝調和；主旋律	❶（Aと）**調和しない**、不仲の、仲が悪い（with A）（⇔in tune） ❷外れた旋律で、調子が狂って
□ 192 **out of use** ➕use＝使用	**使われていない**（⇔in use）

Day 11 🎧 031
Quick Review
答えは右ページ下

□ 連続して	□ 需要がある	□ 自分で	□ 漂って
□ その上	□ 真剣に	□ 内密に	□ 理論的には
□ いずれにしても	□ 急いで	□ お返しに	□ 順番に
□ 手短に言えば	□ 本質的に	□ 連続して	□ 無駄に

Check 2 Phrases 🎧 035

☐ keep A out of B's reach = keep A out of reach of B（Bの手の届かない所にAを保管する）

☐ get out of shape（体調を崩す）

☐ Get out of the [my] way!（邪魔だ！、どけ！）
☐ get the work out of the way（仕事を片づける）

☐ appear [come] out of the blue（突然現れる）

☐ something out of the ordinary（異常な［普通でない］こと）

☐ not be out of the woods yet（まだ危機を脱していない）

☐ be out of tune with the times（時代にそぐわない）
☐ sing out of tune（調子外れに歌う）

☐ go out of use（使われなくなる）

Check 3 Sentences 🎧 036

☐ You should keep medicines out of children's reach.（薬は子どもたちの手の届かない所に保管するべきだ）

☐ He has been out of shape for months.（彼はこの数カ月、体調が悪い）

☐ He gestured for me to move out of the way.（彼は私にどくように手振りで示した）

☐ Out of the blue, she kissed him.（出し抜けに、彼女は彼にキスをした）

☐ Nothing seemed out of the ordinary.（異常と思われるところは何もなかった）

☐ Some analysts say the economy is not out of the woods yet.（アナリストの中には経済はまだ危機を脱していないと言う人もいる）

☐ She is out of tune with her colleagues.（彼女は同僚と仲が悪い）

☐ This car has been out of use for three years.（この車は3年間使われていない）

Day 11 🎧 031
Quick Review
答えは左ページ下

☐ in a row	☐ in demand	☐ in person	☐ in the air
☐ in addition	☐ in earnest	☐ in private	☐ in theory
☐ in any case	☐ in haste	☐ in return	☐ in turn
☐ in brief	☐ in itself	☐ in succession	☐ in vain

Day 13 前置詞

to

Check 1 Chants 037

□ 193 **to A's delight** ❶delight＝大喜び	(Aが) **喜んだことには**、(Aにとって) うれしいことには
□ 194 **to A's disappointment** ❶disappointment＝失望	(Aが) **がっかりしたことには**、失望したことには
□ 195 **to A's face**	**A（人）に面と向かって**、ずけずけと、公然と
□ 196 **to A's heart's content** ❶content＝満足	**心ゆくまで**、存分に
□ 197 **to A's knowledge** ❶knowledge＝知識、知っていること	**A（人）の知る限りでは**
□ 198 **to A's regret** ❶regret＝残念	(Aにとって) **残念なことには**、残念ながら ❶muchを最初に置いて強調することも多い
□ 199 **to A's relief** ❶relief＝安心	(Aが) **ほっとしたことには**、安心したことには
□ 200 **to A's taste** ❶taste＝好み	(A［人］の) **好みに合うように**［合った］、好みに応じて［かなった］ ❶to tasteは「(料理で調味料の分量を) 好みに応じて、好きなだけ」

continued ▼

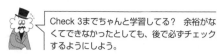

Check 3までちゃんと学習してる？　余裕がなくてできなかったとしても、後で必ずチェックするようにしよう。

□ 聞くだけモード　Check 1
□ しっかりモード　Check 1 ▸ 2
□ かんぺきモード　Check 1 ▸ 2 ▸ 3

Check 2 Phrases 🎧 038	Check 3 Sentences 🎧 039
□ to his delight（彼が喜んだことには）	□ To my delight, I passed the entrance exam.（うれしいことに、私は入試に合格した）
□ to her disappointment（彼女ががっかりしたことには）	□ To my disappointment, she rejected me.（がっかりしたことに、私は彼女に振られた）
□ criticize him to his face（面と向かって彼を非難する）	□ She called him a liar to his face.（彼女は面と向かって彼をうそつきと呼んだ）
□ enjoy oneself to A's heart's content（心ゆくまで楽しむ）	□ She played the piano to her heart's content.（彼女は心ゆくまでピアノを弾いた）
□ to my knowledge（私の知る限り）	□ "Is it true he is quitting?" "Not to my knowledge."（「彼が会社を辞めるって本当ですか？」「私が知っている限り、そうではないと思います」）
□ much to his regret（彼が非常に残念がったことには）	□ To my regret, I missed the jazz concert.（残念なことに、私はそのジャズコンサートに行き損なった）
□ to her relief（彼女がほっとしたことには）	□ To my relief, I found my lost key.（ほっとしたことに、私はなくした鍵を見つけた）
□ change the colors to A's taste（好みに応じて色を変える）	□ She redecorated her room to her own taste.（彼女は自分の部屋を好みに合うように模様替えした）

continued
▼

Check 1 Chants 037

□ 201
to death
death＝死

極度に、ひどく、死ぬほど

□ 202
to excess
excess＝超過

過度に 「体に悪影響を及ぼすほどに」というニュアンス

□ 203
to no avail
avail＝効力

無益に、かいなく（≒in vain、to no purpose） 通例、過去時制で用いる

□ 204
to the contrary
contrary＝逆

それと反対の［に］ on the contraryは「（相手・自分の言ったことを否定して）それどころか、そうではなくて」

□ 205
to the letter
letter＝文字

一字一句間違えずに、文字通りに、厳密に、正確に（≒exactly）

□ 206
to the point
point＝要点、重点

要領を得た［て］、適切な［に］ beside the pointは「要点を外れて」

□ 207
to the utmost
utmost＝（程度などの）最大限

最大限に、極度に、極力、精いっぱい

□ 208
to the effect that ～
effect＝趣旨

～という趣旨の［で］ 直前の名詞を後ろから修飾することが多い

Day 12 034
Quick Review
答えは右ページ下

□ 立ち入り禁止で
□ 示談で
□ 好奇心から
□ 手に負えない
□ 適当でない
□ どこからともなく
□ 場違いの
□ 絶版になって
□ 手の届かない所に
□ 体調が悪くて
□ 邪魔にならないように
□ 出し抜けに
□ 異常な
□ 危険を逃れて
□ 調和しない
□ 使われていない

Check 2 Phrases 038

□ be worried [bored] to death（ひどく心配［退屈］している）

□ eat to excess（食べ過ぎる）

□ ~, but to no avail（～したが、無駄だった）

□ do [say] something to the contrary（それとは反対のことをする［言う］）

□ follow instructions to the letter（一字一句間違えず指示に従う）

□ keep to the point（要点を外れない）

□ work to the utmost（精いっぱい働く）

□ a letter to the effect that ~（～という趣旨の手紙）

Check 3 Sentences 039

□ He loves her to death.（彼は彼女のことが好きでたまらない）

□ Don't drink to excess.（飲み過ぎないようにしてください）

□ I tried to persuade her, (but) to no avail.（私は彼女を説得しようとしたが無駄だった）

□ There is no proof to the contrary.（それとは逆の証拠はない）

□ She followed the recipe to the letter.（彼女はレシピに厳密に従った）

□ His answer was short and to the point.（彼の回答は簡潔で要領を得たものだった）

□ She used her abilities to the utmost.（彼女は自分の能力を最大限に活用した）

□ She said something to the effect that she will leave the company.（彼女は会社を辞めるというような趣旨のことを言った）

Day 12 034
Quick Review
答えは左ページ下

□ out of bounds □ out of line □ out of reach □ out of the ordinary
□ out of court □ out of nowhere □ out of shape □ out of the woods
□ out of curiosity □ out of place □ out of the way □ out of tune
□ out of hand □ out of print □ out of the blue □ out of use

Day 14

前置詞
at

Check 1　Chants 🎧 040

□ 209
at A's convenience
➕convenience＝好都合な時

（Aが）**都合のよい時に**（≒at A's leisure）

□ 210
at A's disposal
➕disposal＝処分、処理

自由に処分できる［使える］、思い通りに（≒at A's command、available）

□ 211
at first glance [sight]
➕glance＝ちらりと見ること、sight＝見ること

一見したところでは；一目見てすぐに

□ 212
at first hand

直接に（≒directly）➕at second handは「間接に、また聞きで」

□ 213
at heart

心の底では、根は；本当［実際］は

□ 214
at issue
➕issue＝論争

❶**論争**［係争］**中の**［で］、問題になっている ➕「議論されるほど重要で」というニュアンス。at issueが文頭に来ると倒置が起こる
❷（A［人］と）見解が不一致で、争って（with A）

□ 215
at large

❶（危険人物・動物が）**捕まらないで**、監禁されないで、自由で（≒on the loose）
❷（名詞の後で）一般の、全体としての

□ 216
at peace
㊀平和に（⇔at war）

❶**安らかに**［な］、安心して ➕「長い苦難を乗り越えて、心安らかに」というニュアンス
❷（Aと）仲よくして（with A）
❸死んだ ➕deadの遠回しの表現

continued ▼

今日で『キクジュクSuper』は最初の2週の「序盤戦」が終了。ここで気を抜かずに、「中盤戦」へと突入しよう！

□ 聞くだけモード　Check 1
□ しっかりモード　Check 1 ▸ 2
□ かんぺきモード　Check 1 ▸ 2 ▸ 3

Check 2　Phrases 041

Check 3　Sentences 042

□ at your convenience（あなたの都合のよい時に）
▸ □ Could you call me back at your convenience?（ご都合のいい時に折り返しお電話いただけますでしょうか？）

□ have funds at A's disposal（自由に処分できる［使える］資金がある）
▸ □ The money is at his disposal.（そのお金は彼が自由に使うことができる）

【Pop Quiz!】
to no availと同じ意味の熟語は？
▸ 答えは見出し番号203でチェック！
▸ □ At first glance, the fake bill looked real.（一見したところでは、その偽札は本物のように見えた）

□ experience A at first hand（Aを直接に経験する）
▸ □ He saw the war at first hand.（彼は戦争を直接目にした）

□ be kind at heart（根は親切である）
▸ □ My grandmother is 78, but she's still young at heart.（祖母は78歳だが、気持ちはまだまだ若い）

□ the problem at issue（論争中の問題）
□ be at issue with him（彼と見解が一致していない）
▸ □ At issue is the future of public education.（公教育の未来が問題となっている）

□ be still at large（まだ捕まらないでいる）
□ the people at large（一般庶民［国民］）
▸ □ The escaped prisoner is still at large.（その脱獄囚はまだ捕まらないでいる）

□ be at peace with oneself（安心している）
□ be at peace with A's neighbors（隣人たちと仲よくしている）
▸ □ His mind was at peace.（彼の心は安らかだった）

continued ▼

Check 1 Chants 🎧 040

□ 217
at rest
⊕rest＝静止；休息

❶**静止して**
❷眠って
❸安心して

□ 218
at risk
⊕risk＝危険

（Aの）**危険に瀕して**［さらされて］（of [from] A）（≒at stake）

□ 219
at short [a moment's] **notice**
⊕notice＝通知、警告

すぐに、即座に、予告なしに ⊕「事前に十分な予告も与えられないで」というニュアンス

□ 220
at stake
⊕stake＝賭け

❶**賭けられて**、かかって ⊕「計画や行動が失敗した場合、大切なものを失う危機にある」というニュアンス。at stakeが文頭に来ると主述の倒置が起こる
❷危険に瀕して［さらされて］（≒at risk）

□ 221
at the latest

遅くとも（⇔at the earliest）

□ 222
at this stage
⊕stage＝段階

現段階では、現在のところ

□ 223
at war

❶（Aと）**戦争**［交戦］**中で**［の］（with [against] A）（⇔at peace）
❷（A［人］と）争って、不和で（with A）

□ 224
at will
⊕will＝意志

思いのままに、気の向くままに、自由に、好きなように ⊕「やりたい時・都合のよい時はいつでも」というニュアンス。against A's willは「不本意ながら」

Day 13 🎧 037
Quick Review
答えは右ページ下

□ 喜んだことには
□ がっかりしたことには
□ Aに面と向かって
□ 心ゆくまで
□ Aの知る限りでは
□ 残念なことには
□ ほっとしたことには
□ 好みに合うように
□ 極度に
□ 過度に
□ 無益に
□ それと反対の
□ 一字一句間違えずに
□ 要領を得た
□ 最大限に
□ ～という趣旨の

Check 2 Phrases 041

□ an object at rest（静止している物体）

□ put [set] her mind at rest（彼女を安心させる）

□ put A at risk（Aを危険にさらす）

□ be fired at short notice（[事前に十分な] 予告なしに解雇される）

□ many lives at stake（危険にさらされている多くの人命）

□ finish the report by Friday at the latest（遅くとも金曜日まで報告書を仕上げる）

【Pop Quiz!】
to the letterを1語で言い換えると？
▸答えは見出し番号205でチェック！

□ be at war with Iraq（イラクと戦争中である）

□ roam the city at will（気の向くままに街を歩き回る）

Check 3 Sentences 042

□ An object at rest will remain at rest until acted upon by a force.（静止している物体は、力による作用が加わらない限り静止し続ける）

□ More and more species are at risk of extinction.（絶滅の危機に瀕している種が増えている）

□ They were ready to leave at short notice.（彼らはすぐに出発する準備ができていた）

□ The nation's future is at stake.（その国の未来がかかっている）

□ I have to be home by 10 p.m. at the latest.（私は遅くとも午後10時までに家に帰らなくてはならない）

□ At this stage, everything seems to be working well.（現在のところ、すべてがうまくいっているようだ）

□ The two nations are still at war.（その2国はいまだに戦争状態にある）

□ You can change your password at will.（パスワードは自由に変えることができます）

Day 13 037
Quick Review
答えは左ページ下

□ to A's delight	□ to A's knowledge	□ to death	□ to the letter
□ to A's disappointment	□ to A's regret	□ to excess	□ to the point
□ to A's face	□ to A's relief	□ to no avail	□ to the utmost
□ to A's heart's content	□ to A's taste	□ to the contrary	□ to the effect that ～

Day 15 前置詞
for／of／with／from／as

Check 1　Chants 043

□ 225
for a change
➕change＝変化；気分転換

いつもと違って、たまには；気分転換に

□ 226
for a rainy day
㊓雨の日に備えて

万一に備えて、まさかのときに備えて ➕save A for a rainy day、put A away [aside] for a rainy day（万一に備えてAを蓄える）の形で使うことが多い

□ 227
for free
➕free＝無料の

無料で、無償で（≒for nothing、free of charge、free）

□ 228
for life

死ぬまで（の）、終身（の）、一生の間 ➕「死ぬまでの残りの人生で」というニュアンス

□ 229
for now

ここしばらくは、差し当たり、今のところ

□ 230
for all I know

私が知る限りでは、よくは知らないが、多分（≒as far as I know） ➕「自分は詳しく知らないが恐らく」というニュアンス

□ 231
of use
➕use＝役に立つこと

役に立つ、有用な（≒useful ⇔no use、useless）

□ 232
of value
➕value＝価値

価値のある、貴重な（≒valuable）

continued ▼

チェックボックスに印はつけてる？　定着したと思う熟語や、確認したフレーズや文をチェックして、ペースメーカーとして活用しよう。

□ 聞くだけモード　Check 1
□ しっかりモード　Check 1 ▸ 2
□ かんぺきモード　Check 1 ▸ 2 ▸ 3

Check 2　Phrases 🎧 044		Check 3　Sentences 🎧 045
□ go home early for a change（いつもと違って早く帰宅する）	▸	□ Why don't we eat out for a change?（たまには外食しませんか？）
□ save money for a rainy day（万一に備えてお金を蓄える）	▸	□ You should put some money away for a rainy day.（万一に備えていくらかお金を蓄えておいたほうがいい）
□ get a ticket for free（チケットを無料で手に入れる）	▸	□ He repaired the car for free.（彼は無償でその車を修理した）
□ employment for life（終身雇用）	▸	□ The murderer was sent to prison for life.（その殺人犯は終身刑となった）
□ take a rest for now（しばらく休養する） □ Bye for now.（じゃあまたね）	▸	□ He'll stay in Los Angeles for now.（彼はしばらくの間、ロサンゼルスに滞在する予定だ）
【Pop Quiz!】 at A's convenience と同じ意味の熟語は？ ▸答えは見出し番号209でチェック！	▸	□ For all I know, he could have moved to Chicago a few years ago.（私の知る限りでは、彼は数年前にシカゴに引っ越したと思う）
□ be of little use（ほとんど役に立たない） □ be of some [great] use（少しは［とても］役立つ）	▸	□ His advice was of great use to me.（彼のアドバイスは私にとても役立った）
□ be of little value（ほとんど価値がない） □ be of some [great] value（少しは［とても］価値がある）	▸	□ The painting is of great value.（その絵画は非常に価値のあるものだ）

continued ▼

Check 1　Chants 043

□ 233
with [in] delight
➕delight＝大喜び

大喜びで

□ 234
with difficulty
➕difficulty＝困難、難しさ

苦労して、やっとのことで、辛うじて（⇔with ease）

□ 235
with interest
➕interest＝興味；利子

興味を持って ➕「利子をつけて」という意味もある

□ 236
with the result that 〜
➕result＝結果

その結果〜、〜という結果になって ➕前文の内容を受けて、その結果としてどうなったのかを説明する際に用いる

□ 237
from scratch
➕scratch＝（競争の）スタートライン

ゼロから、最初から ➕「何もない状況から」というニュアンス

□ 238
from hand to mouth

その日暮らしで、明日の蓄えもなく ➕from を省略することもある

□ 239
as a consequence
➕consequence＝結果

その結果、従って；（Aの）結果として、せいで（of A）（≒as a result）

□ 240
as a last resort
➕resort＝手段、方策

最後の手段として、結局

Day 14 040
Quick Review
答えは右ページ下

□ 都合のよい時に
□ 自由に処分できる
□ 一見したところでは
□ 直接に
□ 心の底では
□ 論争中の
□ 捕まらないで
□ 安らかに
□ 静止して
□ 危険に瀕して
□ すぐに
□ 賭けられて
□ 遅くとも
□ 現段階では
□ 戦争中で
□ 思いのままに

Check 2 Phrases 044

Check 3 Sentences 045

□ exclaim with delight (大喜びで叫ぶ)

▸ □ She was beside herself with delight. (彼女は大喜びでわれを忘れていた)

□ walk with difficulty (歩くのに苦労する)

▸ □ He controlled his temper with difficulty. (彼はやっとのことで怒りを抑えた)

□ look at A with interest (興味を持ってAを見る)

▸ □ We listened to him with interest. (私たちは彼の話を興味を持って聞いた)

【Pop Quiz!】
at first handを1語で言い換えると？
▸答えは見出し番号212でチェック！

▸ □ She studied hard, with the result that she passed the entrance exam. (一生懸命勉強した結果、彼女は入試に合格した)

□ start from scratch (ゼロから始める)

▸ □ He built the house by himself from scratch. (彼はその家を独力で最初から建てた)

□ live from hand to mouth (その日暮らしをする)

▸ □ He's been living from hand to mouth for years. (彼は何年間もその日暮らしを続けている)

□ as a consequence of the judgment (判決［判定］の結果)

▸ □ He was caught in a traffic jam, and as a consequence, he missed his flight. (交通渋滞に巻き込まれた結果、彼は飛行機に乗り遅れた)

□ ask him as a last resort (最後の手段として彼に尋ねる)

▸ □ The union will go on strike tomorrow as a last resort. (労働組合は、最後の手段として明日ストライキをする予定だ)

Day 14 040 Quick Review
答えは左ページ下

□ at A's convenience	□ at heart	□ at rest	□ at the latest
□ at A's disposal	□ at issue	□ at risk	□ at this stage
□ at first glance	□ at large	□ at short notice	□ at war
□ at first hand	□ at peace	□ at stake	□ at will

Day 16

前置詞
by ／ under ／ beyond

Check 1　Chants 🎧 046

□ 241 **by air**	**飛行機で**；航空便で；無線で
□ 242 **by any chance** ➕chance＝偶然	**ひょっとして**、もしかして　➕相手に丁寧に何かを尋ねるときに使う。by chanceは「偶然に」
□ 243 **by birth** ➕birth＝生まれ、血統	❶**生まれは** ❷生まれながらの
□ 244 **by choice** ➕choice＝選択	**好きで**、進んで、特に、選ぶとすれば　➕「強いられてそうした［する］のではなく、自分がそうしたいからした［する］」というニュアンス
□ 245 **by degrees** ➕degree＝程度、度合い	**次第に**、徐々に、だんだんと（≒gradually）
□ 246 **by name**	❶**名指し**［名前］**で**、名前を言って　➕by the name of Aは「Aという名の［で］」 ❷（面識はないが）名前は
□ 247 **by profession** ➕profession＝職業	**職業は**
□ 248 **by turns** ➕turn＝順番	**代わる代わる**、順番に、次々に

continued ▼

今日で、「前置詞＋名詞」型の熟語は最後。pp.222～229には、このほかにも重要熟語が掲載されているので、要チェック！

□ 聞くだけモード　Check 1
□ しっかりモード　Check 1 ▸ 2
□ かんぺきモード　Check 1 ▸ 2 ▸ 3

Check 2　Phrases 047

□ travel by air（飛行機で旅行する）
□ send goods by air（航空便で商品を送る）

【Pop Quiz!】
for free と同じ意味の熟語は？
▸ 答えは見出し番号227でチェック！

□ be Australian by birth（生まれはオーストラリアである）
□ be a genius by birth（生まれながらの天才である）

□ remain single by choice（好んで独身のままでいる）

□ grow by degrees（徐々に成長する［増える］）

□ call him by name（彼を名前で呼ぶ）
□ know her by name（彼女のことは名前は知っている）

□ be a lawyer by profession（職業は弁護士である）

□ become sunny and rainy by turns（［天気が］晴れたり雨になったりする）
□ sing by turns（順番に歌う）

Check 3　Sentences 048

□ She went to Osaka by air.（彼女は飛行機で大阪へ行った）

□ Do you know where he is by any chance?（彼がどこにいるかひょっとして知っていますか？）

□ He is Russian by birth.（彼は生まれはロシアである）

□ He acquired U.S. nationality by choice.（彼は自ら進んで米国籍を取得した）

□ The country's economy has been recovering by degrees.（その国の経済は次第に回復してきている）

□ They criticized him by name.（彼らは彼のことを名指しで非難した）

□ She is a teacher by profession.（彼女は職業は教師である）

□ The book is by turns funny, moving and witty.（その本は面白くもあり、感動的でもあり、そして機知にも富んでいる）

continued ▼

Check 1　Chants 046

□ 249
under consideration
➕consideration＝考慮

（事が）**検討**［考慮］**中で**

□ 250
under construction
➕construction＝建設

（建物・道路などが）**建設**［工事］**中で**

□ 251
under control
➕control＝制御、支配

制御［統御］**されて**、支配されて、抑えられて（⇔out of control）

□ 252
under discussion
➕discussion＝討議、審議

（事が）**審議**［検討］**中で**

□ 253
under (given) the circumstances
➕circumstance＝周囲の事情

そういう［こういう］**事情なので**［では］、事情が事情だから　➕「普通はそうではないが、その状況では仕方がない」というニュアンス。under no circumstancesは「どんなことがあっても～ない」

□ 254
under way
➕way＝進行；進路

❶（事が）**進行中で**、始まって（≒in progress）
❷（船が）航行中で　➕どちらの意味の場合でも、underwayと1語で書かれることもある

□ 255
beyond description
➕description＝描写、説明

言葉では言い表せない（ほど）、筆舌に尽くし難い、言い尽くせない　➕「善悪などが程度を超えている」というニュアンス

□ 256
beyond doubt [question]
➕doubt、question＝疑い

疑いもなく、明らかに、確かに

Day 15 043 Quick Review
答えは右ページ下

□ いつもと違って	□ ここしばらくは	□ 大喜びで	□ ゼロから
□ 万一に備えて	□ 私が知る限りでは	□ 苦労して	□ その日暮らしで
□ 無料で	□ 役に立つ	□ 興味を持って	□ その結果
□ 死ぬまで	□ 価値のある	□ その結果～	□ 最後の手段として

Check 2 Phrases 047

Check 3 Sentences 048

□ the project under consideration（検討中のプロジェクト）
▸ □ The issue is under consideration and will be discussed further.（その問題は検討中で、さらに討議される予定だ）

□ a building under construction（建設中の建物）
▸ □ A new baseball stadium is now under construction.（新しい野球場は現在、建設中である）

□ keep A under control（Aを制御する、抑える）
▸ □ She couldn't keep her anger under control.（彼女は怒りを抑えることができなかった）

□ the bill under discussion（審議中の法案）
▸ □ The bill is now under discussion in Parliament.（その法案は現在、国会で審議中だ ➕Parliamentは英国の「国会」。日本の「国会」はDiet）

【Pop Quiz!】
for all I knowと同じ意味の熟語は？
▸答えは見出し番号230でチェック！
▸ □ Under the circumstances, I couldn't attend the meeting.（そういう事情だったので、私は会議に出席できなかった）

□ get A under way（Aを開始する）
□ a ship under way（航行中の船）
▸ □ The project is now under way.（そのプロジェクトは現在、進行中だ）

□ a beautiful sunset beyond description（言葉では言い表せないほどの美しい夕焼け）
▸ □ The magnificence of the church is beyond description.（その教会の壮大さは言葉では言い表せないほどだ）

【Pop Quiz!】
with difficultyと反対の意味の熟語は？
▸答えは見出し番号234でチェック！
▸ □ He is beyond doubt one of the finest pianists in the world.（彼は疑いもなく世界で最も素晴らしいピアニストの1人だ）

Day 15 043
Quick Review
答えは左ページ下

□ for a change	□ for now	□ with delight	□ from scratch
□ for a rainy day	□ for all I know	□ with difficulty	□ from hand to mouth
□ for free	□ of use	□ with interest	□ as a consequence
□ for life	□ of value	□ with the result that ～	□ as a last resort

Check 1 Chants 049

□ 257
add on A [A on]

❶**Aを**（Bに）**つけ加える**［つけ足す］（to B）
❷Aを（Bに）増築する（to B）

□ 258
pass on A [A on]

❶**A**（情報・話など）**を**（B［人］に）**伝える**、知らせる（to B） ➕「ほかの人から聞いたことを伝達する」というニュアンス
❷A（財産など）を（B［人］に）譲る、与える（to B）

□ 259
catch on

❶(Aを）**理解する**、分かる（to A） ➕「最初は分からなかったが、次第に分かり始める」というニュアンス
❷(ファッションなどが）流行する

□ 260
drag on

（会議などが）**だらだら長引く**、のろのろ進む ➕「うんざりするほど必要以上に続く」というニュアンス。「A（会議など）をだらだらと長引かせる」はdrag out A

□ 261
break off A [A off]

❶**A**（関係・交渉など）**を打ち切る**、破棄する
❷Aをちぎり取る、折り取る
❸A（会話など）を急にやめる

□ 262
finish off A [A off]

❶**A**（飲食物）**を食べ**［飲み］**終える**；Aを使い果たす、使い切る
❷A（人・動物）にとどめを刺す、Aの息の根を止める
❸A（公演・行事など）を締めくくる
❹A（人）を疲れさせる

□ 263
hold off A [A off]

❶**A**（行動など）**を延期する**（≒put off A、delay、postpone） ➕Aには動名詞が入ることが多い
❷A（人・攻撃など）を寄せつけない；Aを撃退する
❸(hold offで）（雨などが）降らない ➕「降るだろうと思っていたが降らない」というニュアンス

□ 264
lay off A [A off]

❶**A**（人）**を一時解雇する**、レイオフする
❷A（酒など）を断つ、控える、やめる
❸A（人）をそっとしておく

continued ▼

今日からDay 22までの6日間は、「動詞＋副詞」型の熟語をチェック。まずは、副詞onとoffを使った熟語から見ていこう。

□ 聞くだけモード　Check 1
□ しっかりモード　Check 1 ▸ 2
□ かんぺきモード　Check 1 ▸ 2 ▸ 3

Check 2　Phrases 🎧 050	Check 3　Sentences 🎧 051
□ add on a service charge（サービス料金を追加する） □ add on a room to the house（家に部屋を増築する）	□ Consumption tax is added on to the price of goods and services.（消費税は商品やサービスの料金に加えられている）
□ pass the information on to him（その情報を彼に伝える） □ pass the property on to heirs（財産を相続人に譲る）	□ He passed the news on to her.（彼はそのニュースを彼女に伝えた）
□ catch on to what he is saying（彼が言っていることを理解する） □ catch on quickly（あっという間に流行する）	□ I didn't know what she was saying, but I finally caught on.（私は彼女が言っていることが分からなかったが、ようやく理解した）
□ drag on for several hours（何時間もだらだらと続く）	□ The meeting dragged on into the night.（その会議は夜まで長引いた）
□ break off diplomatic relations（外交関係を打ち切る） □ break off a branch（枝を折り取る）	□ They broke off the negotiations without explanation.（彼らは説明もなく交渉を打ち切った）
□ finish off a cake（ケーキを食べ終える） □ finish off a wounded animal（傷を負った動物にとどめを刺す）	□ She finished off all the ice cream.（彼女はアイスクリームをすべて平らげた）
□ hold off a decision（決定を延期する） □ hold off the enemy's attack（敵の攻撃を撃退する）	□ He held off going to Paris.（彼はパリに行くのを延期した）
□ lay off 100 employees（100人の従業員を一時解雇する） □ lay off alcohol（断酒する）	□ The company will lay off 1,000 factory workers.（その会社は1000人の工場労働者を一時解雇する予定だ）

continued
▼

Check 1　Chants 🎧 049

□ 265 **pay off A** [A off]	❶**A**（借金）**を完済する**、全部払う ❷(pay offで)（物・事が）うまくいく、成果を上げる（≒succeed） ➕「長い間をかけて成功する」というニュアンス ❸A（人）を買収する、A（人）に口止め料を払う
□ 266 **pull off A** [A off]	❶**A**（困難など）**をうまくやり遂げる**；A（競技）に勝つ；A（賞など）を取る ❷(pull offで)（人が）車を寄せる
□ 267 **shut off A** [A off]	❶**A**（機械など）**を止める**；(shut offで)（機械などが）止まる ❷A（生産など）をやめる、停止する ❸Aを（Bから）隔離する、遮断する（from B） ➕「外部の影響を受けないように切り離す」というニュアンス
□ 268 **write off A** [A off]	❶**Aを無価値と見なす**、Aを（B［無用なものなど］だと）考える［見なす］(as B) ❷A（回収不可能な資金）を帳消しにする ❸(write offで)（Aを）手紙で注文［請求］する（for A）
□ 269 **drop off** ㊊落ちる	❶**居眠りを始める**、まどろむ ❷(程度・量などが）減る、衰える
□ 270 **knock off**	❶(人が）（その日の）**仕事を終える**、仕事を中断する ❷(knock off A [A off]で）A（金額）を差し引く；(knock A off Bで）A（金額）をBから差し引く ❸(knock off A [A off]で）Aを（手早く）仕上げる ❹(knock off A [A off]で）A（人）を殺す
□ 271 **leave off**	❶**やめる**、終わりとする ❷(leave A off Bで）A（名前など）をB（リストなど）から削除する
□ 272 **run off**	❶(Aから／Bへ）**逃げ去る**（from A/to B）；駆け落ちする ➕「認められない形で逃げる」というニュアンス ❷(run off A [A off]で）Aを印刷［複製］する ❸(run A off Bで）A（人）をB（場所など）から追い出す

Day 16 🎧 046 Quick Review
答えは右ページ下

□ 飛行機で	□ 次第に	□ 検討中で	□ そういう事情なので
□ ひょっとして	□ 名指しで	□ 建設中で	□ 進行中で
□ 生まれは	□ 職業は	□ 制御されて	□ 言葉では言い表せない
□ 好きで	□ 代わる代わる	□ 審議中で	□ 疑いもなく

Check 2 Phrases 050

Check 3 Sentences 051

Check 2 Phrases		Check 3 Sentences
□ pay off A's debt（借金を完済する） □ pay off a witness（目撃者に口止め料を払う）	▸	□ We finally paid off our housing loan.（私たちはやっと住宅ローンを完済した）
□ pull off a win（勝利を勝ち取る） □ pull off onto the shoulder（路肩に車を寄せる）	▸	□ He pulled off a victory in the company's golf tournament.（彼は会社のゴルフトーナメントで優勝した）
□ shut off the engine（エンジンを止める） □ shut off production（生産をやめる）	▸	□ Be sure to shut off all the lights when you leave the house.（家を出る時に、すべての電気を消すのを忘れないでください）
□ write him off as a minor player（彼を二流の選手と見なす） □ write off bad debts（不良債権を帳消しにする）	▸	□ Most critics wrote off the movie as a failure.（ほとんどの評論家はその映画を失敗作と見なした）
□ drop off to sleep（眠りに落ちる）	▸	□ The lecture was so boring that I dropped off halfway through.（その講義はとても退屈だったので、私は途中で居眠りを始めた）
□ knock off early（早めに仕事を終える） □ knock 20 dollars off the price（価格から20ドル差し引く）	▸	□ I'm knocking off at noon today.（私は今日、正午に仕事を終えるつもりだ）
□ leave his name off the list（彼の名前をリストから削除する）	▸	□ She began reading again from where she had left off the day before.（彼女は前日に読み終えたところからまた読み始めた）
□ run off overseas（海外へ逃亡する） □ run off 20 copies of the document（その書類を20部コピーする）	▸	□ The thief ran off with a purse.（その泥棒は財布を持ち逃げした）

Day 16 046 Quick Review
答えは左ページ下

□ by air	□ by degrees	□ under consideration	□ under the circumstances
□ by any chance	□ by name	□ under construction	□ under way
□ by birth	□ by profession	□ under control	□ beyond description
□ by choice	□ by turns	□ under discussion	□ beyond doubt

Day 18 副詞
out

Check 1　Chants 🎧 052

□ 273 **ask out A** [A out]	**Aをデートに誘う**
□ 274 **fill out A** [A out]	❶**A**（書類）**に必要事項を記入する**、A（書類）を完成する（≒fill in A） ❷A（記事・原稿など）を（手を加えて）完全なものにする ❸(fill outで)（人が）太る、肥える
□ 275 **hand out A** [A out]	**Aを**（Bに）**配る**、分配する（to B）（≒distribute）
□ 276 **lay out A** [A out]	❶**Aを広げる** ❷A（建物・公園など）を設計する ❸Aを（公式に）説明する、述べる ❹A（大金）を使う ❺A（人）を殴って意識を失わせる
□ 277 **let out A** [A out]	❶**Aを外に出してやる**（⇔let in A） ❷(let outで)（学校・劇場などが）終わる ❸A（空気など）を逃がす、抜く ❹A（叫び声など）を出す ❺A（服のウエストなど）を広げる
□ 278 **rule out A** [A out]	❶**Aを考慮から外す**、Aを除外［排除］する ➕「不可能・不適当であると決める」というニュアンス ❷Aを不可能にする、できなくする
□ 279 **single out A** [A out]	**Aを選び出す**、えり抜く ➕「称賛や非難の対象として、同じ集団の中から選ぶ」というニュアンス
□ 280 **sort out A** [A out]	❶**Aを整理**［整頓］**する** ❷A（物）を（Bから）えり分ける、分類［区分］する（from B） ❸A（問題など）を処理する、解決する

continued ▼

「動詞＋副詞」型の熟語は「句［群］動詞」とも呼ばれ、「固まり」で覚えることが大切。副詞のイメージをつかみながら押さえていこう。

□ 聞くだけモード　Check 1
□ しっかりモード　Check 1 ▶ 2
□ かんぺきモード　Check 1 ▶ 2 ▶ 3

Check 2 Phrases 🎧 053		Check 3 Sentences 🎧 054
□ ask her out（彼女をデートに誘う）	▶	□ He asked her out to a movie, but she declined.（彼は映画に行こうと彼女をデートに誘ったが、彼女は断った）
□ fill out the application form（願書に必要事項を記入する） □ fill out the report（報告書を完ぺきにする）	▶	□ She filled out the order form and sent it.（彼女は注文書に必要事項を記入し、郵送した）
□ hand out leaflets（チラシを配る）	▶	□ A man was handing out balloons to children in the toy store.（男性がおもちゃ屋で子どもたちに風船を配っていた）
□ lay out a map（地図を広げる） □ lay out a building（建物を設計する）	▶	□ She laid out a tablecloth and put a vase with flowers on top.（彼女はテーブルクロスを広げると、花の入った花瓶をその上に置いた）
□ let a cat out（ネコを外に出してやる） □ let out at 3 p.m.（［学校などが］午後3時に終わる）	▶	□ His mother didn't let him out until he had finished his homework.（彼の母親は、宿題が終わるまで彼を外に出してあげなかった）
□ rule out the possibility of A（Aの可能性を否定する） □ rule out a trip（［悪天候などが］旅行を不可能にする）	▶	□ The government has not ruled out the possibility of raising taxes.（政府は増税の可能性を否定していない）
□ single him out for special treatment（彼を特別扱いする）	▶	□ He was singled out for his outstanding performance.（彼は優れた成績のために選び出された）
□ sort out the paperwork（事務書類を整理する） □ sort out unwanted emails（不要なメールをえり分ける）	▶	□ It took me a couple of days to sort out my feelings.（私は気持ちの整理をするのに数日かかった）

continued ▼

Check 1 Chants 🎧 052

□ 281
think out A [A out]

❶A（問題など）**を慎重に検討する**、考え抜く
➕「問題点や結果などを考慮しながら慎重に考える」というニュアンス
❷A（計画・案など）を考え出す、案出する

□ 282
try out A [A out]

❶**Aを試してみる**、試用する、試験的に使ってみる
➕「方法や装置などが有効に機能するかどうか試す」というニュアンス
❷(try outで)（A［チーム・劇団など］の）一員になるためのテストを受ける（for A）

□ 283
wipe out A [A out]
㊠Aをふき取る

❶A（相手）**を絶滅させる**、一掃する
❷A（人）をくたくたにする
❸(wipe outで)（オートバイ・サーフボードなどから）転倒する、落ちる

□ 284
work out A [A out]

❶A（計画など）**を案出する**、練って作る
❷A（費用など）を計算する、算定する
❸Aを解決する；(work outで)（問題が）解決する
❹(work out Aで) Aの結果となる
❺Aを理解する

□ 285
die out

（種族などが）**絶滅する**

□ 286
eat out

外食する（⇔eat in）

□ 287
hold out
㊠（手などを）差し出す

❶(在庫などが) **持ちこたえる**、持つ（≒last）
❷(A［攻撃など］に）耐える、抵抗を続ける（against A）
❸(hold out for Aで) Aをあくまでも要求する
❹(hold out A [A out]で) A（希望など）を与える

□ 288
pass out

❶**意識を失う**（≒black out、faint）
❷(pass out A [A out]で) Aを分配［配布］する（≒hand out A、distribute）

Day 17 🎧 049
Quick Review
答えは右ページ下

□Aをつけ加える	□Aを打ち切る	□Aを完済する	□居眠りを始める
□Aを伝える	□Aを食べ終える	□Aをうまくやり遂げる	□仕事を終える
□理解する	□Aを延期する	□Aを止める	□やめる
□だらだら長引く	□Aを一時解雇する	□Aを無価値と見なす	□逃げ去る

Check 2 Phrases 053

□ think out the problem（その問題を慎重に検討する）
□ think out a plan（計画を案出する）

□ try out a new product（新製品を試用する）
□ try out for the soccer team（サッカーチームに入るテストを受ける）

□ wipe out the enemy（敵を一掃する）
□ wipe out on the ice（氷の上で転倒する）

□ work out the schedule for next year（来年の計画を練る）
□ work out the costs（費用を計算する）

□ be in danger of dying out（絶滅の危機に瀕している）

□ eat out for dinner（夕食を外食する）

□ hold out for a month（[在庫などが] 1カ月間持つ）
□ hold out against attack（攻撃に耐える）

□ pass out from the heat（暑さで気を失う）
□ pass out the handouts（配布資料を配る）

Check 3 Sentences 054

□ Some of the issues have not been thought out yet.（問題点のいくつかは、いまだに慎重に検討されていない）

□ The band tried out a new song on fans.（そのバンドは新曲をファンの前で演奏してみた）

□ Most scientists believe that the dinosaurs were wiped out by an asteroid.（ほとんどの科学者たちは、恐竜は小惑星によって全滅したと考えている）

□ He's trying to work out how to solve the problem.（彼はその問題の解決法を考え出そうとしている）

□ The Japanese wolf is considered to have died out in 1905.（ニホンオオカミは1905年に絶滅したと考えられている）

□ How about eating out tonight?（今夜は外食するのはどうですか？）

□ The food will hold out for another few weeks.（食糧はあと数週間は持つだろう）

□ She passed out at the sight of her own blood.（彼女は自分の血を見て気を失った）

Day 17 049
Quick Review
答えは左ページ下

□ add on A	□ break off A	□ pay off A	□ drop off
□ pass on A	□ finish off A	□ pull off A	□ knock off
□ catch on	□ hold off A	□ shut off A	□ leave off
□ drag on	□ lay off A	□ write off A	□ run off

Day 19 副詞 up

Check 1 Chants 055

□ 289
add up A [A up]

❶**A（数字）を合計する**（≒sum up A）
❷(add upで)（積もり積もって）大きな量となる
❸(add upで)（通例、否定文で）（話などが）つじつまが合う、意味を成す

□ 290
back up A [A up]

❶**A（車など）をバック［後退］させる**；(back upで）後退する
❷A（交通など）の流れを止める
❸A（ディスクなど）のバックアップを取る
❹Aを支援［支持］する（≒support）

□ 291
brush up A [A up]
㊀Aにブラシをかける

A（外国語・知識など）を勉強し直す、磨き直す、復習する；(brush upで)（A［外国語・知識など］を）勉強し直す、復習する（on A）

□ 292
build up A [A up]

❶**Aを増やす**、増強する、強める；(build upで）増える、強まる ➕「徐々に増やす」というニュアンス
❷A（自信など）を強める、A（信頼など）を築き上げる
❸A（人）の健康を増進させる
❹A（人）をおだてる、褒める

□ 293
clear up A [A up]

❶**A（問題など）を解決する**、説明する、明らかにする
❷A（物・場所）を片づける、整頓する
❸(clear upで)（天気が）晴れる
❹(clear upで)（病気などが）治る

□ 294
cover up A [A up]
㊀Aを覆う、包む

❶**A（失敗・悪事など）を秘密にしておく**、隠す
❷(cover upで)（A［人］を）（うそをついたりして）かばう（for A）

□ 295
draw up A [A up]
㊀Aを引き上げる

❶**A（文書・リストなど）を作成する**
❷(draw upで)（車が）止まる
❸(draw oneself upで) 真っすぐに立つ
❹A（軍隊など）を整列させる

□ 296
eat up A [A up]

❶**A（時・金など）を使い果たす**、消費する
❷A（食べ物）を残さず食べる、食べ尽くす；(eat upで）食べ物を残さずに食べる
❸A（人）を悩ます、うんざりさせる
❹(be eaten up with Aで) Aで夢中になっている

continued ▼

今日は「上へ」が原意の副詞upを使った熟語をチェック。用法の違いで意味もさまざま。ここでも「動詞＋up」の「固まり」で覚えよう。

□聞くだけモード　Check 1
□しっかりモード　Check 1 ▸ 2
□かんぺきモード　Check 1 ▸ 2 ▸ 3

Check 2　Phrases 056		Check 3　Sentences 057
□add up the numbers（数字を合計する） □not add up（つじつまが合わない）	▸	□She added up the expenses for the year.（彼女は1年間の経費を合計した）
□back up a truck（トラックをバックさせる） □back up traffic（交通の流れを止める）	▸	□The car slowed, stopped and then backed up.（その車は速度を下げると止まり、それからバックした）
□brush up (on) A's English（英語を勉強し直す）	▸	□She brushed up (on) her Spanish before going to Mexico.（彼女はメキシコに行く前にスペイン語を勉強し直した）
□build up forces（軍隊を増強する） □build up trust（信頼を築く）	▸	□You should build up your savings by cutting waste.（あなたは無駄遣いを減らして、貯金を増やしたほうがいい）
□clear up the mystery（謎を解明する） □clear up A's room（部屋を掃除する）	▸	□It would take a while to clear up the case.（その事件を解決するにはしばらくかかるだろう）
□cover up the fact that ～（～という事実［こと］を隠す） □cover up for him（彼のことをかばう）	▸	□He told a lie to cover up his mistake.（彼は自分の失敗を隠すためにうそをついた）
□draw up a contract（契約書を作成する） □draw up in front of the house（［車が］その家の前で止まる）	▸	□He drew up the report over the weekend.（彼は週末を使ってその報告書を作成した）
□eat up a lot of money（大金を使い果たす） □eat up all the chips（ポテトチップを食べ尽くす）	▸	□My car eats up a lot of gas.（私の車はガソリンをたくさん消費する＝燃費が悪い）

continued ▼

Check 1 Chants 055

□ 297 **follow up A [A up]**	▸	❶**Aをより詳しく調べる**、Aの追跡調査をする；A（手がかりなど）をどこまでも追求する ❷(follow up on Aで) Aを徹底的に究明［追求］する ❸Aの後にさらに（Bを）つけ加える（with B） ▸
□ 298 **keep up A [A up]**	▸	❶**A**（物価など）**を維持する**、下がらないようにする ❷A（仕事など）を続ける ❸(keep upで)（Aに）遅れないでついていく（with A） ❹A（人）を寝かせないでおく ❺(keep upで)（Aと）連絡［文通］を続ける（with A） ▸
□ 299 **think up A [A up]**	▸	**A**（案・計画など）**を考え出す**、考案する ➕「一生懸命考えた末に案出する」というニュアンス。「A（突飛な計画など）を思いつく」はdream up A ▸
□ 300 **wrap up A [A up]** 元Aを包む	▸	❶**A**（仕事・会議など）**を終える**、終わりにする；A（契約など）をうまく成立させる ❷(wrap upで)（防寒衣類などに）くるまる ❸(be wrapped up in Aで) Aに夢中になっている、没頭している ▸
□ 301 **break up** 元ばらばらになる	▸	❶(男女が) **別れる**、(関係などが) 終わる ❷分かれる；(break up A [A up]で) Aを分割する ❸(break up A [A up]で) Aを分裂させる ❹(break up A [A up]で) A（集会など）を解散させる、A（乱闘）をやめさせる ▸
□ 302 **move up**	▸	❶(人が) **昇進する**、出世する ❷(価格などが) 上昇する ❸高級品を志向する ▸
□ 303 **pop up**	▸	❶**急に**［ひょっこり］**現れる** ➕「予期していない場面・時に現れる」というニュアンス ❷(野球で) 小飛球［凡フライ］を打ち上げる ▸
□ 304 **throw up**	▸	❶(食べた物を) **吐く**、戻す；(throw up A [A up]で) A（食べ物）を吐く（≒vomit） ❷(throw up A [A up]で) A（家など）を大急ぎで建てる ❸(throw up A [A up]で) A（土ぼこり）を立てる、A（泥水）をはね上げる ▸

Day 18 052
Quick Review
答えは右ページ下

□ Aをデートに誘う	□ Aを外に出してやる	□ Aを慎重に検討する	□ 絶滅する
□ Aに必要事項を記入する	□ Aを考慮から外す	□ Aを試してみる	□ 外食する
□ Aを配る	□ Aを選び出す	□ Aを絶滅させる	□ 持ちこたえる
□ Aを広げる	□ Aを整理する	□ Aを案出する	□ 意識を失う

Check 2 Phrases 056

□ follow up the situation（状況をより詳しく調べる）

□ keep up prices（物価を維持する［下がらないようにする］）
□ keep up the work（仕事を続ける）

□ think up a new idea（新しいアイデアを考え出す）

□ wrap up the deal（取引を成立させる）
□ wrap up warm [well]（暖かく［十分に］着込む）

□ break up a group（グループを分割する）
□ break up a fight（けんかをやめさせる）

□ move up to a higher position（より高い地位に昇進する）

□ pop up in the infield（内野フライを打ち上げる）

□ feel like throwing up（吐き気がする）
□ throw up a wall（塀を大急ぎで建てる）

Check 3 Sentences 057

□ The police are following up leads on the case.（警察はその事件の手がかりを追っている）

□ I want to keep up a healthy lifestyle.（私は健康的なライフスタイルを維持したいと思っている）

□ She thought up a good name for her pet dog.（彼女はペットのイヌにつけるいい名前を考え出した）

□ The chairperson wrapped up the meeting with a summary of the key points.（議長は重要事項を要約して会議を締めくくった）

□ My ex-boyfriend and I broke up three months ago.（元彼と私は3カ月前に別れた）

□ I find it difficult to move up in the company.（私は会社で出世するのは難しいと感じている）

□ She suddenly popped up out of nowhere.（彼女はどこからともなく突然現れた）

□ After eating too much, the baby threw up.（食べ過ぎて、その赤ちゃんは戻してしまった）

Day 18 052
Quick Review
答えは左ページ下

□ ask out A	□ let out A	□ think out A	□ die out
□ fill out A	□ rule out A	□ try out A	□ eat out
□ hand out A	□ single out A	□ wipe out A	□ hold out
□ lay out A	□ sort out A	□ work out A	□ pass out

Day 20 副詞 down

Check 1 Chants 058

□ 305
bring down A [A down]

❶A（値段・費用）**を下げる**、減少させる
❷A（政府など）を倒す
❸A（荷物など）を降ろす
❹A（鳥・飛行機など）を撃ち落とす
❺A（飛行機）を着陸させる

□ 306
close down A [A down]

A（店など）**を閉鎖［廃業］する**；(close downで)（店などが）閉鎖［廃業］する ➕「永久に閉鎖する」というニュアンス。単に「Aを閉鎖する」ならshut down A

□ 307
face down A [A down]

A（人）**を威圧する**、屈服させる、脅しつける ➕「自分に反対する人に対して強硬な姿勢で向かう」というニュアンス

□ 308
hunt down A [A down]

A（人・動物）**を追いつめる**、Aを追跡して捕らえる

□ 309
keep down A [A down]
㊗Aを下げておく

❶**A**（物価・経費など）**を抑える**
❷A（飲食物など）を吐かないでいる
❸A（人）の進歩［向上］を妨げる

□ 310
lay down A [A down]
㊗Aを下に置く

❶**A**（武器・希望など）**を捨てる**、放棄する
❷A（規則など）を定める
❸A（命）を犠牲にする、ささげる
❹A（ワインなど）を蓄えておく

□ 311
pass down A [A down]

A（知識・話など）**を**（B［下の世代など］に）**伝える**、知らせる（to B）

□ 312
pin down A [A down]
㊗Aをピンで留める

❶**A**（人）**に**（Bについて）**態度を明確にさせる**、問いただす（on B） ➕「詳細を述べさせたり、決定させたりする」というニュアンス
❷A（事）を把握する、はっきりさせる
❸A（人）を（B［約束など］に）縛りつける（to B）

continued ▼

見出しの下の元マークは確認してる？　その熟語の元々の意味が分かれば、そこから派生した定義も覚えやすくなるはず。

□ 聞くだけモード　Check 1
□ しっかりモード　Check 1 ▸ 2
□ かんぺきモード　Check 1 ▸ 2 ▸ 3

Check 2　Phrases 059		Check 3　Sentences 060
□ bring down costs（経費を削減する） □ bring down the government（政府を倒す）	▸	□ The company is trying to bring down its deficit.（その会社は赤字を減らそうと努力している）
□ close down the restaurant（そのレストランを閉店する）	▸	□ The management decided to close down the factory in China.（経営陣は中国にある工場を閉鎖することを決定した）
□ face down a mob（暴徒を威圧する）	▸	□ The riot police faced down demonstrators protesting against the government.（機動隊は政府に抗議するデモ隊を威圧した）
□ hunt down the murderer（殺人犯を追跡して捕らえる）	▸	□ The government troops are hunting down the anti-government guerrillas.（政府軍は反政府ゲリラを追跡している）
□ keep costs down（経費を抑える） □ keep A's food down（食べ物を吐かないでいる）	▸	□ We need to keep spending down.（私たちは支出を抑える必要がある）
□ lay down A's arms [weapons]（武器を捨てる） □ lay down rules（規則を定める）	▸	□ The rebels agreed to lay down their arms.（反乱軍は武器を捨てる［降伏する］ことに同意した）
□ pass down the tradition（伝統を継承する）	▸	□ These folk tales have been passed down from generation to generation.（これらの民話は何世代にもわたって伝えられてきた）
□ pin him down on the matter（その件について彼に態度を明確にさせる） □ pin down the cause of the fire（火事の原因を特定する）	▸	□ The reporter pinned down the governor on the issue of unemployment.（その記者は知事に失業問題について問いただした）

continued ▼

Check 1 Chants 🎧 058

□ 313 **pull down A** [A down] 元Aを引き下ろす	❶**A**（家など）**を取り壊す**、解体する（≒take down A、destroy）；Aを破壊する、壊す ❷A（金）を稼ぐ、受け取る（≒pull in A） ❸A（地位・価値など）を引き下げる ❹（コンピューターで）A（メニュー）をプルダウンする
□ 314 **shoot down A** [A down]	❶**A**（飛行機など）**を撃ち落とす**；A（人）を撃ち殺す ➕「無防備な人を撃ち殺す」というニュアンス ❷Aを論破する、拒否する；A（人）をこき下ろす ➕「言っていることが間違っている［愚かである］と伝える」というニュアンス
□ 315 **tear down A** [A down] 元Aをもぎ取る	**A**（建物など）**を取り壊す**、破壊する（≒demolish）
□ 316 **track down A** [A down]	**A**（人・物）**をやっと見つけ出す**；A（犯人など）を追いつめて逮捕する ➕「いろいろな所を探してやっと見つけ出す」というニュアンス
□ 317 **back down** 元降りる	**敗北**［非］**を認める**；（A［主張など］を）撤回する、放棄する（on [over] A）
□ 318 **cool down** [off] 元涼しくなる、冷える	**冷静になる**；（怒りなどが）冷める
□ 319 **step down** [aside] 元降りる；脇へ寄る	（Aの地位を）**辞任**［辞職］**する**（as A） ➕「自分の意志で辞める」というニュアンス
□ 320 **wind down** 元（時計のぜんまいが）緩む	（活動などが）**徐々に静まる**、段階的に縮小する；（wind down A [A down]で）A（活動など）をだんだん弱める、徐々に縮小する

Day 19 🎧 055 Quick Review
答えは右ページ下

□ Aを合計する	□ Aを解決する	□ Aをより詳しく調べる	□ 別れる
□ Aをバックさせる	□ Aを秘密にしておく	□ Aを維持する	□ 昇進する
□ Aを勉強し直す	□ Aを作成する	□ Aを考え出す	□ 急に現れる
□ Aを増やす	□ Aを使い果たす	□ Aを終える	□ 吐く

Check 2 Phrases 059

Check 3 Sentences 060

Check 2 Phrases	Check 3 Sentences
□ pull down an old building（古いビルを解体する） □ pull down $1 million a year（1年間に100万ドルを稼ぐ）	□ My house will be pulled down next month to build a new one.（私の家は新しい家を建てるために来月解体される予定だ）
□ shoot down a missile（ミサイルを撃ち落とす） □ shoot down the proposal（提案を拒否する）	□ Patriot missiles are designed to shoot down incoming ballistic missiles.（パトリオットミサイルは侵入してくる弾道ミサイルを撃ち落とすように設計されている）
□ tear down a house（家を取り壊す）	□ The old building was torn down.（その古い建物は取り壊された）
□ track down the suspect（容疑者を見つけ出す）	□ The police finally tracked down the killer.（警察はついに殺人犯を逮捕した）
□ back down on A's claim（主張を撤回する）	□ She stubbornly refused to back down.（彼女は断固として自分の非を認めようとしなかった）
□ give him time to cool down（冷静になるための時間を彼に与える）	□ He took a walk to cool down after quarreling with his girlfriend.（彼は恋人と口げんかをした後、冷静になるために散歩に出た）
□ step down as CEO（CEO［最高経営責任者］の地位を辞職する）	□ He decided to step down as captain of the team.（彼はチームのキャプテンを辞めることを決めた）
□ wind down production（生産を徐々に縮小する）	□ The party started winding down around midnight.（パーティーは夜の12時くらいになって少しずつ静かになり始めた）

Day 19 055 Quick Review
答えは左ページ下

□ add up A	□ clear up A	□ follow up A	□ break up
□ back up A	□ cover up A	□ keep up A	□ move up
□ brush up A	□ draw up A	□ think up A	□ pop up
□ build up A	□ eat up A	□ wrap up A	□ throw up

Day 21 副詞
in／over

Check 1　Chants 061

□ 321 **call in A** [A in]	❶**Aに援助**［助言］**を求める**、(助けを求めて) A (人) を呼ぶ ❷(call inで) 電話で報告する ❸(call inで) (テレビ・ラジオ番組に) 電話で参加する ❹A (借金など) の支払いを求める
□ 322 **factor in A** [A in]	**Aを計算に入れる**、Aを要因［要素］の1つとして含める ➕「いくらかかるか・どのくらいかかるかについて、あることを計算に含める」というニュアンス
□ 323 **put in A** [A in] ㊚Aを入れる	❶**A** (機械) **を取りつける**、設置する ❷A (時・金など) を費やす ❸A (書類など) を提出する (≒hand in A、turn in A、submit) ❹(put inで) (船が) 入港する
□ 324 **trade in A** [A in]	**A** (古い物) **を** (Bを買うために) **下取りに出す** (for B)
□ 325 **cut in**	❶(車などが) (列などに) **割り込む** ❷(A［人の話］を) 遮る、(A［会話など］に) 割り込む (on A) ❸(ダンスで) (A［人］の) パートナーを奪う (on A) ❹(機械が) 作動する
□ 326 **fit in**	❶(A［人］と) **うまくやっていく**；(Aと) 調和［適合］する (with A) ➕「同じ考えや利害を持っているので、集団の中で受け入れられる」というニュアンス ❷(fit in A [A in]で) A (人) と会う都合をつける；A (予定など) を (Bに) 合わせる (with B)
□ 327 **stay in**	❶**家にいる**、外出しない (⇔stay out) ➕通例、夜に外出しないことを表す ❷(罰として) 学校に残される
□ 328 **step in** ㊚ (家などに) 立ち寄る	(困難な事態などに)**介入する**、干渉する (≒intervene)

continued ▼

「動詞＋副詞」型の熟語＝句［群］動詞は、口語で使われることが多いのが特徴。しっかり覚えて、日常会話で使ってみよう！

□ 聞くだけモード　Check 1
□ しっかりモード　Check 1 ▶ 2
□ かんぺきモード　Check 1 ▶ 2 ▶ 3

Check 2　Phrases 🎧 062	Check 3　Sentences 🎧 063
□ call in an ambulance（救急車を呼ぶ） □ call in sick（病欠を電話で報告する）	□ She called in a repairman to fix her TV.（彼女はテレビを直してもらうために修理工を呼んだ）
□ factor in mileage（［自動車の購入時などに］燃費を考慮に入れる）	□ You should factor in interest rates when you apply for a mortgage.（住宅ローンを申し込む際には、金利を計算に入れるべきだ）
□ put in a navigation system（カーナビを取りつける） □ put in two hours studying English（英語の勉強に2時間を費やす）	□ He put in an air conditioner for his brother.（彼は弟のために部屋にエアコンを取りつけた）
□ trade in an old car for a new one（新しい車を買うために古い車を下取りに出す）	□ He traded in his BMW and bought a Toyota.（彼はトヨタ車を買うためにBMWを下取りに出した）
□ cut in ahead of a bus（バスの前に割り込む） □ cut in on the conversation（会話に割り込む）	□ When a car cut in ahead of me, I had to brake suddenly.（車が私の前に割り込んできたので、私は急ブレーキを踏まなければならなかった）
□ fit in with A's classmates（クラスメートとうまくやっていく） □ fit him in on Tuesday（彼と火曜日に会う都合をつける）	□ He doesn't seem to fit in with his neighbors.（彼は隣人たちとうまくいっていないようだ）
□ stay in on Monday nights to watch the TV show（そのテレビ番組を見るために毎週月曜日の夜は家にいる）	□ It was raining yesterday, so I stayed in all day.（昨日は雨が降っていたので、私は一日中家にいた）
□ step in to settle the dispute（紛争を解決するために介入する）	□ The government had to step in to rescue several major banks.（いくつかの大手銀行を救済するため、政府は介入せざるを得なかった）

continued
▼

Check 1 Chants 🎧 061

□ 329
carry over A [A over]

❶**A（事）を持ち越す**、持ち込む、A（習慣など）を持ち続ける、；（carry overで）（習慣などが）引き継がれる
❷A（ある金額など）を繰り越す

□ 330
do over A [A over]

❶**A（課題など）をやり直す**、もう一度する ➕「間違いがあったのでやり直す」というニュアンス
❷A（部屋など）を改装する

□ 331
hand over A [A over]

❶**Aを（Bに）手渡す**、引き渡す（to B）
❷A（権限など）を（Bに）譲り渡す（to B）

□ 332
pass over A [A over]
➕Aを横切る

❶（通例、受け身で）**A（人）を**（B[昇進など]から）**除く**、外す（for B）
❷Aを軽視する、無視する

□ 333
run over A [A over]

❶（車が）**Aをひく**（≒run down A）
❷（run overで）（液体が）あふれる（≒overflow）
❸（run over Aで）Aを読み返す、復習する
❹（run over Aで）A（予定の時間など）を超える、過ぎる

□ 334
pull over

（人が）**車を片側に寄せる**；（車・人などが）道の片側に寄る［止まる］；（pull over A [A over]で）A（車）を片側に寄せる

□ 335
start over

最初からやり直す ➕「よりよくしたいので最初からする」というニュアンス

□ 336
stop over

（長い旅行の途中で）（Aに）**しばらく滞在する**（in [at] A）；途中下車する

Day 20 🎧 058
Quick Review
答えは右ページ下

□ Aを下げる
□ Aを閉鎖する
□ Aを威圧する
□ Aを追いつめる
□ Aを抑える
□ Aを捨てる
□ Aを伝える
□ Aに態度を明確にさせる
□ Aを取り壊す
□ Aを撃ち落とす
□ Aを取り壊す
□ Aをやっと見つけ出す
□ 敗北を認める
□ 冷静になる
□ 辞任する
□ 徐々に静まる

Check 2 Phrases 🎧 062

Check 3 Sentences 🎧 063

Phrases	Sentences
□ carry over 10 days of vacation into next year（10日の休暇を来年に繰り越す）	□ The bill will be carried over to the next Diet session.（その法案は次の国会の会期に持ち越される予定だ）
□ do A's homework over（宿題をやり直す） □ do over A's room（部屋を改装する）	□ My teacher made me do my homework over because I made too many mistakes.（あまり多くの間違いをしたので、先生は私に宿題をやり直させた）
□ hand over money to her（お金を彼女に手渡す） □ hand over the command（指揮権を譲り渡す）	□ The man was handed over to the police.（その男は警察に引き渡された）
□ be passed over for promotion（昇進を見送られる） □ pass over the fact ~（～という事実［こと］を無視する）	□ She was passed over for promotion.（彼女は昇進を見送られた）
□ run over a cat（ネコをひく） □ run over a script（台本を読み返す）	□ The car ran over my foot.（その車は私の足をひいた）
□ get pulled over for speeding（［人が］スピード違反で車を止められる）	□ He pulled over so he could read a map.（彼は地図を読むために車を道端に止めた）
□ start over several times（何度も最初からやり直す）	□ If you make even one mistake, you have to start over.（1つでも間違いをしたなら、あなたは最初からやり直さなければならない）
□ stop over in Tokyo（東京にしばらく滞在する）	□ He stopped over in Paris on his way to Spain.（彼はスペインに行く途中にパリにしばらく滞在した）

Day 20 🎧 058 Quick Review
答えは左ページ下

□ bring down A	□ keep down A	□ pull down A	□ back down
□ close down A	□ lay down A	□ shoot down A	□ cool down
□ face down A	□ pass down A	□ tear down A	□ step down
□ hunt down A	□ pin down A	□ track down A	□ wind down

副詞
back／away／around

Check 1 Chants 064

□ 337 **cut back A** [A back]	❶**Aを削減**［縮小］**する**、切り詰める（≒cut down A）；（cut backで）（Aを）削減［縮小］する（on A）（≒cut down） ❷A（木）を刈り込む、せん定する
□ 338 **keep back A** [A back] ㊁Aを近寄らせない	❶**A**（秘密など）**を**（Bに）**隠す**（from B） ❷A（人）の進歩［発展］を妨げる
□ 339 **put back A** [A back]	❶**A**（行事など）**を**（Bまで）**延期する**、延ばす（to B） ❷A（時計・進歩など）を遅らせる ❸A（物）を元の所に戻す
□ 340 **take back A** [A back] ㊁Aを取り戻す	❶**A**（言葉など）**を撤回する**、取り消す ❷A（買った商品）を返品する ❸(take A backで）A（人）に（B［昔のことなど］を）思い出させる（to B） ❹A（別居中の妻・夫）を再び迎え入れる
□ 341 **bounce back** ㊁（ボールなどが）跳ね返る	（A［ショック・敗北など］から）**すぐに立ち直る**、回復する、元通り元気になる（from A）；（景気などが）持ち直す
□ 342 **fall back**	❶(軍隊が）**後退**［撤退、退却］**する**（≒retreat）➕「敵の攻撃を受けているので後退する」というニュアンス ❷(驚きなどで）たじろぐ、後ずさりする
□ 343 **sit back**	❶(いすに）**ゆったり**［深く］**座る**；くつろぐ ❷何もせずに傍観する
□ 344 **talk back** ㊁応答する	（A［人］に）**口答えする**、反論する（to A）

continued ▼

今日で、副詞を使った熟語は最終日。そして、『キクジュクSuper』は後半戦に突入。残り3週間、これまでのペースでガンバロウ！

□ 聞くだけモード　Check 1
□ しっかりモード　Check 1 ▸ 2
□ かんぺきモード　Check 1 ▸ 2 ▸ 3

Check 2　Phrases 🎧 065		Check 3　Sentences 🎧 066
□ cut back expenses（経費を削減する） □ cut back branches（枝を刈り込む）	▸	□ The government will cut back its budget.（政府は予算を削減する予定だ）
□ keep back important information（重要な情報を隠す） □ keep back the truth（真相を隠す）	▸	□ She is keeping something back from me.（彼女は私に何かを隠している）
□ put the meeting back to tomorrow（会議を明日に延期する） □ put back the clock（時計を遅らせる）	▸	□ Their wedding has been put back to next spring.（彼らの結婚式は来年の春まで延期された）
□ take back A's words（前言を撤回する） □ take back the purchase（購入品を返品する）	▸	□ He took back his words and apologized to her.（彼は前言を取り消して、彼女に謝った）
□ bounce back from a recession（不況から回復する）	▸	□ She bounced back a few days after the operation.（彼女は手術後、数日で回復した）
□ order the troops to fall back（軍隊に撤退を命令する） □ fall back in horror（恐怖で後ずさりする）	▸	□ The soldiers fell back in the face of enemy attacks.（敵の攻撃を受けて、兵士たちは後退した）
□ sit back and relax（ゆったりと座ってリラックスする）	▸	□ We sat back and waited for the movie to start.（私たちはいすに深く腰掛け、映画が始まるのを待った）
□ talk back to A's teacher（先生に口答えする）	▸	□ She's never talked back to her parents.（彼女は両親に口答えしたことが一度もない）

continued ▼

Check 1　Chants 064

□ 345
throw away A [A away]

❶**A（物）を捨てる**
❷A（機会など）をふいにする、見逃す

□ 346
turn away A [A away]
元Aに向きを変えさせる

❶**A（人）に（Bへの）入場を断る**（from B）　➕「席やスペースがないので断る」というニュアンス
❷A（人）をはねつける、退ける；(turn awayで)（A［人］に）同情を示さない（from A）

□ 347
fade away

❶（光・音などが）（次第に）**薄れる**、消えていく
❷（人・物などが）（いつの間にか）姿を消す、見えなくなる
❸（健康などが）（徐々に）衰える

□ 348
get away

❶（A［仕事など］から）**離れる**（from A）；退社する
❷（Aから）逃げる（≒escape）（from A）
❸休暇を取る

□ 349
come around
元やって来る

❶（A［場所］を）**ぶらっと**［ちょっと］**訪れる**（to A）
❷（反対だったのに）（Aに）同意する（to A）
❸（定期的に）巡ってくる
❹意識を取り戻す（≒come to）

□ 350
hang around

❶**ぶらつく**、うろつく；(hang around Aで）Aの辺りをぶらつく　➕「目的もなくいる」というニュアンス
❷（A［人］と）長い時間を過ごす、つき合う（with A）

□ 351
sit around

ぶらぶら時を過ごす、座ってぼうっとしている

□ 352
stick around

もうしばらく待つ、（待つために）その辺りにいる、（待って）じっとしている　➕「期待していることが起きるのを待つために、もう少しだけ同じ所にいる」というニュアンス

Day 21 061
Quick Review
答えは右ページ下

□Aに援助を求める	□割り込む	□Aを持ち越す	□Aをひく
□Aを計算に入れる	□うまくやっていく	□Aをやり直す	□車を片側に寄せる
□Aを取りつける	□家にいる	□Aを手渡す	□最初からやり直す
□Aを下取りに出す	□介入する	□Aを除く	□しばらく滞在する

Check 2 Phrases 065

Check 3 Sentences 066

Check 2 Phrases		Check 3 Sentences
□ throw away trash (ごみを捨てる) □ throw away A's chance (チャンスをふいにする)	▶	□ She tore up the letter and threw it away. (彼女は手紙を引き裂いて捨てた)
□ be turned away from a hotel (ホテルでの宿泊を断られる) □ turn away patients (患者を見捨てる)	▶	□ He was turned away from the restaurant because of the dress code. (彼はドレスコードにより、そのレストランへの入店を断られた)
□ fade away into darkness (暗闇の中へ消えていく)	▶	□ Old soldiers never die; they just fade away. (老兵は死なず。ただ消え去るのみ ➕日本占領連合国軍最高司令官マッカーサー[1880-1964] の言葉)
□ get away from work (退社する) □ get away from a police officer (警察官から逃げる)	▶	□ She had to work overtime yesterday and couldn't get away till midnight. (彼女は昨日残業しなくてはならなくて、真夜中まで退社できなかった)
□ come around to his house (彼の家をぶらっと訪れる) □ come around to her point of view (彼女の考え方に同意する)	▶	□ One day, one of my old friends came around to my house. (ある日、旧友の1人が私の家を訪ねてきた)
□ hang around downtown (繁華街をぶらつく) □ hang around with him (彼とつき合う)	▶	□ A group of teenagers are hanging around outside. (ティーンエージャーの集団が外でぶらついている)
□ sit around listening to music all day (座って音楽を聴きながら1日をぼうっと過ごす)	▶	□ She sat around reading books most of the day. (彼女は1日のほとんどを本を読みながら座って過ごした)
□ stick around until ~ (~までもうしばらく待つ)	▶	□ I'll stick around until he comes. (彼が来るまで私はもうしばらく待つつもりだ)

Day 21 061
Quick Review
答えは左ページ下

□ call in A	□ cut in	□ carry over A	□ run over A
□ factor in A	□ fit in	□ do over A	□ pull over
□ put in A	□ stay in	□ hand over A	□ start over
□ trade in A	□ step in	□ pass over A	□ stop over

Chapter 2 Review

左ページの(1)～(20)の熟語の同意熟語・類義熟語（または同意語・類義語）(≒)、反意熟語・反対熟語（または反意語・反対語）(⇔) を右ページのA～Tから選び、カッコの中に答えを書き込もう。意味が分からないときは、見出し番号を参照して復習しておこう（答えは右ページ下)。

- □ (1) in any case (163) ≒は? (　　)
- □ (2) in vain (176) ≒は? (　　)
- □ (3) out of hand (180) ≒は? (　　)
- □ (4) out of use (192) ⇔は? (　　)
- □ (5) to the letter (205) ≒は? (　　)
- □ (6) at A's convenience (209) ≒は? (　　)
- □ (7) at the latest (221) ⇔は? (　　)
- □ (8) with difficulty (234) ⇔は? (　　)
- □ (9) by degrees (245) ≒は? (　　)
- □ (10) under way (254) ≒は? (　　)
- □ (11) hold off A (263) ≒は? (　　)
- □ (12) hand out A (275) ≒は? (　　)
- □ (13) hold out (287) ≒は? (　　)
- □ (14) pass out (288) ≒は? (　　)
- □ (15) add up A (289) ≒は? (　　)
- □ (16) throw up (304) ≒は? (　　)
- □ (17) tear down A (315) ≒は? (　　)
- □ (18) step in (328) ≒は? (　　)
- □ (19) cut back A (337) ≒は? (　　)
- □ (20) fall back (342) ≒は? (　　)

A. last
B. cut down A
C. faint
D. in progress
E. at any rate
F. delay
G. vomit
H. retreat
I. at A's leisure
J. out of control
K. gradually
L. demolish
M. exactly
N. in use
O. sum up A
P. to no avail
Q. at the earliest
R. intervene
S. with ease
T. distribute

【解答】(1) E (2) P (3) J (4) N (5) M (6) I (7) Q (8) S (9) K (10) D (11) F (12) T (13) A (14) C (15) O (16) G (17) L (18) R (19) B (20) H

CHAPTER 3

語順で覚える熟語

Chapter 3では、「動詞と前置詞」「be動詞と前置詞」を含んだ熟語を、「語順」の視点から覚えていきます。語順で覚えれば「英語のリズム」がきっとつかめるはず。まずは、Introductionからスタート！

ゴホ、ゴホ…。やだ、私、風邪をひいちゃったみたい。

Cough, cough . . . Oh, I'm afraid I've (　　　) (　　　) (　　　) a cold.

答えは Day 25でチェック!

□ Introduction 語順の働き

語順の種類とその働き ＊用法の種類は厳密なものでなく、熟語の意味の違いで異なることもあります

語順	働き
語順1 動詞＋to do ▶ Day 23	**働き：**動詞の後にto不定詞が続き、主として「**〜するのを…する**」を表す
語順1 動詞＋to A ▶ Day 23	**働き：**動詞の後に、主として「対象、到達」の前置詞toが続き、「**Aを〜する、Aに（対して）〜する**」を表す
語順1 動詞＋on A ▶ Day 24	**働き：**動詞の後に、主として「基礎、依存、対象」の前置詞onが続き、「**Aに（基づいて）〜する、Aを〜する**」を表す
語順1 動詞＋for A ▶ Day 24	**働き：**動詞の後に、主として「目的、準備」の前置詞forが続き、「**Aを（求めて）〜する、A（のため）に〜する**」を表す
語順1 動詞＋in A ▶ Day 25	**働き：**動詞の後に、主として「場所、対象、従事」の前置詞inが続き、「**Aに〜する、Aを〜する**」を表す
語順1 動詞＋with A ▶ Day 25	**働き：**動詞の後に、主として「一致、対象」の前置詞withが続き、「**Aと〜する、Aに〜する**」を表す
語順1 動詞＋of A ▶ Day 26	**働き：**動詞の後に、主として「関連」の前置詞ofが続き、「**Aに（ついて）〜する、Aを〜する**」を表す
語順1 動詞＋at A ▶ Day 26	**働き：**動詞の後に、主として「目標、目的」の前置詞atが続き、「**Aを（目がけて）〜する**」を表す
語順2 動詞＋A to do ▶ Day 27	**働き：**動詞の目的語Aの後にto不定詞が続き、主として「**Aに〜することを…する、Aに〜させる**」を表す
語順2 動詞＋A to B ▶ Day 27	**働き：**動詞の目的語Aの後に、主として「対象」の前置詞toが続き、「**AをBに〜する**」を表す
語順2 動詞＋A for B ▶ Day 28	**働き：**動詞の目的語Aの後に、主として「理由、関連、代用」の前置詞forが続き、「**AをBのことで〜する、AをBと〜する**」を表す

continued ▼

各Dayの学習に入る前に、まずは「動詞と前置詞」「be動詞と前置詞」を含んだ熟語を、語順の視点で見ていこう。前置詞のイメージをつかみながら覚えていけば、熟語の意味だけでなく、「英語のリズム」もきっと身につくはず！

熟語の例　＊カッコ内の数字は見出し番号を表します

---

deserve to **do**：～するに値する（353）
determine to **do**：～することを決心［決意］する（354）

---

attend to **A**：A（仕事など）を処理する（361）
conform to **A**：A（規則など）に従う（362）

---

act on **A**：A（忠告・主義など）に従って行動する（369）
count on **A**：Aに頼る（370）
feed on **A**：（動物が）Aを常食にする（373）

---

account for **A**：A（ある割合）を占める（377）
provide for **A**：A（人）を養う（382）

---

consist in **A**：（事が）本来A（物・事）にある（385）
delight in **A**：Aを大いに楽しむ（386）
indulge in **A**：A（快楽・欲望など）にふける（387）

---

coincide with **A**：Aと同時に起こる（393）
comply with **A**：A（要求・命令など）に従う（395）

---

approve of **A**：Aを是認する（402）
know of **A**：Aについて知っている（408）

---

aim at **A**：A（的など）を狙う（409）
drive at **A**：Aを言おうとする（410）

---

advise **A** to **do**：Aに～するよう勧める（417）
compel **A** to **do**：Aに無理に［強いて］～させる（418）

---

adapt **A** to **B**：AをBに適合［適応、順応］させる（425）
confine **A** to **B**：A（人）をB（場所）に監禁する（428）

---

admire **A** for **B**：A（人）をBの点で称賛する（433）
trade **A** for **B**：A（物）をB（物）と交換する（440）

---

continued
▼

□ Introduction

語順の種類とその働き

語順2 **動詞＋A of B** ▶ Day 28	**働き：**動詞の目的語Aの後に、主として「関連、分離」の前置詞ofが続き、「**AにBについて～する、AからBを～する**」を表す
語順2 **動詞＋A with B** ▶ Day 29	**働き：**動詞の目的語Aの後に、主として「対象、材料」の前置詞withが続き、「**AをBと～する、AにBを～する、AをBで～する**」を表す
語順2 **動詞＋A from B** ▶ Day 29	**働き：**動詞の目的語Aの後に、主として「分離」の前置詞fromが続き、「**AをBから～する**」を表す
語順2 **動詞＋A on B** ▶ Day 29	**働き：**動詞の目的語Aの後に、主として「対象」の前置詞onが続き、「**AをBに～する**」を表す
語順2 **動詞＋A as B** ▶ Day 29	**働き：**動詞の目的語Aの後に、主として「目的補語（～として［の］）」の前置詞asが続き、「**AをBと（して）～する**」を表す
語順3 **be＋形容詞＋to do** ▶ Day 30	**働き：**主語の状態・様子を表す形容詞の後にto不定詞が続き、主として「**(主語が）～する状態にある［様子である］**」を表す
語順3 **be＋形容詞＋to A** ▶ Day 30	**働き：**主語の状態・様子を表す形容詞の後に、主として「対象、比較」の前置詞toが続き、「**Aに～ている、Aと～ている**」を表す
語順3 **be＋形容詞＋for A** ▶ Day 31	**働き：**主語の状態・様子を表す形容詞の後に、主として「目的、理由」の前置詞forが続き、「**Aに～ている、A（のこと）で～ている**」を表す
語順3 **be＋形容詞＋of A** ▶ Day 31	**働き：**主語の状態・様子を表す形容詞の後に、主として「構成、関連、対象」の前置詞ofが続き、「**Aから～ている、Aに［を］～ている**」を表す
語順3 **be＋形容詞＋with A** ▶ Day 32	**働き：**主語の状態・様子を表す形容詞の後に、主として「対象、一致」の前置詞withが続き、「**Aに［を］～ている、Aと～ている**」を表す
語順3 **be＋形容詞＋about A** ▶ Day 32	**働き：**主語の状態・様子を表す形容詞の後に、主として「関連」の前置詞aboutが続き、「**Aについて～ている、Aのことを～ている**」を表す

熟語の例

convict A of B：A（人）にB（犯罪）の有罪を宣告する（441）
rid A of B：A（場所・物など）からBを取り除く（446）

---

confuse A with B：A（人・物）をB（別の人・物）と間違える（450）
endow A with B：（自然・神などが）A（人）にB（才能など）を授ける（451）

---

keep A from B：A（物・事）をB（人）に隠す（457）
protect A from B：AをB（危険など）から守る（459）

---

impose A on B：A（罰・税など）をB（人・物）に科す（461）

---

define A as B：AをBと定義する（463）

---

be anxious to do：～することを切望している（465）

---

be common to A：Aに共通している（473）
be equivalent to A：Aと同等［同価値、同意義］である（474）

---

be appropriate for A：Aに適している（482）
be grateful for A：Aのことで感謝している（484）

---

be composed of A：Aから成り立っている（490）
be convinced of A：Aを確信している（491）

---

be bored with A：Aにうんざり［退屈］している（497）
be consistent with A：（意見・行動などが）Aと一致［調和、両立］している（500）

---

be anxious about A：Aのことを心配している（505）
be curious about A：Aについて好奇心が強い（507）

Day 23

語順1
動詞＋to do／動詞＋to A

Check 1　Chants 067

□ 353
deserve to do

～するに値する、～する価値がある

□ 354
determine to do

～することを決心〔決意〕**する**（≒decide to do、resolve to do）＋「困難であるにもかかわらず決心する」というニュアンス

□ 355
feel free to do

（しばしば命令文で）**自由に**〔遠慮なく〕**～する**　＋be free to doは「自由に～できる」

□ 356
intend to do

～するつもりである、～したい、～しようと思う（≒mean to do、propose to do）

□ 357
mean to do

～するつもりである、～しようと思う（≒intend to do、propose to do）＋否定文で用いて「～するつもりではない、～するつもりではなかった」を表すことが多い

□ 358
never fail to do

必ず～する　＋「（人が）期待されていることを習慣的にする、（事が）期待されているように習慣的に起こる」というニュアンス。fail to doは「～（しようとして）できない」

□ 359
refuse to do

～することを拒む、～しようとしない

□ 360
tend to do

～する傾向がある、～しがちである（≒have a tendency to do）＋「悪いこと・迷惑なことをしがちである」というニュアンス

continued ▼

今日から、「語順」で熟語を覚えるChapter 3に突入。Day 26までの4日間では、「動詞＋前置詞＋A」型の熟語を押さえていこう。

□ 聞くだけモード　Check 1
□ しっかりモード　Check 1 ▸ 2
□ かんぺきモード　Check 1 ▸ 2 ▸ 3

Check 2　Phrases 🎧 068		Check 3　Sentences 🎧 069
□ deserve to be punished（罰せられるに値する）	▸	□ The boy deserves to be called a genius.（その少年は天才と呼ばれるに値する）
□ determine to quit smoking（たばこをやめることを決心する）	▸	□ He determined to study medicine.（彼は医学を学ぶことを決意した）
□ feel free to ask questions（自由に質問する）	▸	□ If you have any questions, feel free to call me anytime.（質問があったら、いつでも遠慮なく私に電話してください）
□ intend to study abroad（留学するつもりである）	▸	□ She intends to go to New York next year.（彼女は来年ニューヨークに行くつもりだ）
□ mean to hurt her（彼女を傷つけるつもりである）	▸	□ Sorry — I didn't mean to say that.（ごめんなさい――そんなことを言うつもりではなかったんです）
□ never fail to do A's homework（必ず宿題をする）	▸	□ Her smile never fails to cheer me up.（彼女の笑顔は必ず私を元気づけてくれる）
□ refuse to answer a question（質問に答えることを拒む）	▸	□ She refused to listen to my advice.（彼女は私の助言を聞こうとしなかった）
□ tend to get angry easily（怒りやすい）	▸	□ Power tends to corrupt.（権力は腐敗する傾向がある ➕英国の歴史家、アクトン[1834-1902]の言葉）

continued
▼

Check 1　Chants 067

□ 361
attend to A

❶**A**（仕事など）**を処理する**（≒deal with A）
❷Aに注意を払う（≒pay attention to A）；Aに精を出す
❸Aの世話をする（≒care for A、take care of A、look after A、see to A、watch over A）

□ 362
conform to [with] A

A（規則など）**に従う**（≒comply with A、follow、obey）

□ 363
contribute to A

❶（物・事が）**A**（結果）**の一因**［一助］**となる**
❷Aに寄付する；（contribute A to Bで）A（金銭など）をBに寄付する

□ 364
live up to A

A（主義・信念など）**に従って生きる**、A（理想）を実現する；A（約束など）に恥じない行動をする　➕「期待されていること・約束していることを実践する」というニュアンス

□ 365
object to A

Aに反対する、異議を唱える；Aを嫌がる、嫌う

□ 366
resort to A

（最後の選択・手段として）**Aに訴える**、頼る　➕「よくない物・事に訴える」というニュアンス

□ 367
take to A

❶**Aを好きになる**（≒take a liking to A）
❷Aに赴く；（隠れ場を求めて）Aへ行く
❸Aが習慣になる；A（趣味など）に没頭［専念］する

□ 368
yield to A

❶**Aに屈する**、負ける（≒give in to A、give way to A）　➕「渋々同意する」というニュアンス
❷A（ほかの車）に道を譲る

Day 22 064
Quick Review
答えは右ページ下

□ Aを削減する
□ Aを隠す
□ Aを延期する
□ Aを撤回する
□ すぐに立ち直る
□ 後退する
□ ゆったり座る
□ 口答えする
□ Aを捨てる
□ Aに入場を断る
□ 薄れる
□ 離れる
□ ぶらっと訪れる
□ ぶらつく
□ ぶらぶら時を過ごす
□ もうしばらく待つ

Check 2 Phrases 068

Check 3 Sentences 069

Check 2 Phrases	Check 3 Sentences
□ attend to paperwork（事務書類を処理する） □ attend to A's work（仕事に精を出す）	□ He had many other things to attend to.（彼には処理しなければならないことがほかにもたくさんあった）
□ conform to the law（法律に従う）	□ Some students refuse to conform to school rules.（生徒の中には校則に従おうとしない者もいる）
□ contribute to climate change（気候変化の一因となる） □ contribute to a charity（慈善団体に寄付する）	□ Regular exercise contributes to good health.（定期的な運動は健康の助けとなる）
□ live up to A's principles（信念に従って生きる）	□ He lives up to his reputation.（彼は名声に恥じない生き方をしている）
□ object to a plan（計画に反対する） □ object to the death penalty（死刑に反対する）	□ She objects to being treated like a child.（彼女は子どものように扱われるのを嫌がっている）
□ resort to violence（暴力に訴える）	□ We should not resort to war under any circumstances.（いかなる状況でも、私たちは戦争に頼るべきではない）
□ take to her at once（彼女をすぐに好きになる） □ take to the streets to protest（街頭に出て抗議する）	□ They took to each other right away.（彼らはすぐにお互いを好きになった）
□ yield to temptation（誘惑に負ける） □ yield to an oncoming car（近づいて来る車に道を譲る）	□ We must not yield to the threat of terrorism.（私たちはテロの脅威に屈してはならない）

Day 22 064
Quick Review
答えは左ページ下

□ cut back A	□ bounce back	□ throw away A	□ come around
□ keep back A	□ fall back	□ turn away A	□ hang around
□ put back A	□ sit back	□ fade away	□ sit around
□ take back A	□ talk back	□ get away	□ stick around

Day 24

語順1
動詞＋on A／動詞＋for A

Check 1　Chants 🎧 070

□ 369 **act on** [upon] A	❶A（忠告・主義など）**に従って行動する**、従う ❷Aについて決定を下す ❸（薬などが）Aに効く、作用する
□ 370 **count on** A	❶**Aに頼る**、Aを当てにする（≒depend on [upon] A、rely on [upon] A）➕「自分が困難な状況にあるときに頼る」というニュアンス ❷Aが（～するのを）期待する（to do）
□ 371 **fall back on** A	**A**（人・手段など）**に頼る**、Aを当てにする（≒depend on [upon] A、rely on [upon] A）➕「自分でほかの方法でやってみたが、できなかったので頼る」というニュアンス
□ 372 **fall on** [upon] A ㊒Aに落ちる	❶（仕事・責任などが）**A**（人）**に降りかかる**、A（人）の肩にかかってくる ❷A（敵など）に襲いかかる（≒attack） ❸A（食べ物）をむさぼり食う ❹（日付・記念日などが）A（ある時・曜日）に当たる
□ 373 **feed on** A	❶（動物が）**Aを常食にする**、餌にする　➕「（人間が）Aを食べて生きている」はlive on A ❷（感情などが）Aによって増長する、大きくなる
□ 374 **insist on** A	❶**Aを**（強く）**主張する**、言い張る ❷A（物・事）を強く要求する
□ 375 **rest on** [upon] A	❶**Aに基づく**、基礎を置く（≒be based on A）；（決定などが）Aにかかっている、A次第である；Aを当てにする（≒depend on [upon] A）； ❷（目・視線などが）Aに注がれる、向けられる
□ 376 **wait on** A	❶**Aの給仕をする**；Aに仕える；Aに応対する ❷Aを待つ　➕「何かをしたり、決定を下したりする前に待つ」というニュアンス ❸A（人）の身の回りの世話をする　➕「相手がしないので代わりにする」というニュアンス

continued ▼

「動詞＋前置詞」型の熟語も「句［群］動詞」と呼ばれ、「固まり」で覚えることが大切。今日は前置詞onとforを使った熟語を押さえよう。

□ 聞くだけモード　Check 1
□ しっかりモード　Check 1 ▸ 2
□ かんぺきモード　Check 1 ▸ 2 ▸ 3

Check 2　Phrases 🎧 071		Check 3　Sentences 🎧 072
□ act on his advice（彼の助言に従って行動する） □ act on the matter（その件について決定を下す）	▸	□ He acts on his beliefs.（彼は信念に従って行動している）
□ count on his help（彼の助けを当てにする） □ count on her to finish the job（彼女がその仕事を終えることを期待する）	▸	□ You can count on me anytime you need me.（必要なときはいつでも私を当てにしてください）
□ fall back on A's old friend（旧友を当てにする） □ have A to fall back on（頼るべきAを持っている）	▸	□ She has no savings to fall back on.（彼女は頼るべき貯金がない）
□ fall on the enemy（敵に襲いかかる）	▸	□ The responsibility has fallen on him to provide for the family.（家族を養うという責任が彼に降りかかった）
□ feed on grass（草を常食とする）	▸	□ Koalas feed mainly on eucalyptus leaves.（コアラは主にユーカリの葉を常食にしている）
□ insist on the truth（事実を主張する） □ insist on payment（支払いを強く要求する）	▸	□ He insisted on his innocence.（彼は自分の無罪を主張した）
□ rest on the assumption that ～（［論拠などが］～という仮定に基づく） □ rest on the woman（［視線などが］その女性に注がれる）	▸	□ Your future rests on your ability.（あなたの未来はあなたの能力にかかっている）
□ wait on tables（給仕をする） □ wait on a phone call（電話がかかってくるのを待つ）	▸	□ She waits on customers at a department store.（彼女はデパートで客の応対をしている）

continued ▼

Check 1 Chants 🎧 070

□ 377 **account for A**	❶**A**（ある割合）**を占める** ❷Aの原因となる ❸Aの理由を説明する ❹A（行方不明者など）の居場所［安否］を知らせる
□ 378 **allow for A**	**Aを考慮する**、Aを考慮に入れる（≒take A into account [consideration]） ➕「物事・状況にうまく対処できるように、問題点や経費などを考えておく」というニュアンス
□ 379 **compensate for A**	**Aを償う**、補う、補償［賠償］する（≒make up for A）；A（損失など）の埋め合わせをする
□ 380 **make for A**	❶**Aの方向へ向かう**、進む、行く ❷Aを生み出す、Aに役立つ
□ 381 **pass for A**	**Aとして通る**、受け取られる、見なされる、認められる ➕「実際はそうではないが、そうだと間違って受け取られる」というニュアンス
□ 382 **provide for A**	❶**A**（人）**を養う**、扶養する；A（人）に必要な物を与える ❷(法律が）Aを規定する ❸Aに備える
□ 383 **run for A**	**Aに立候補する**（≒stand for A） ➕stand for Aは英国用法
□ 384 **stand up for A**	**A**（人・主義など）**を支持する**（≒support）、擁護する（≒defend） ➕「攻撃を受けている人などを守る」というニュアンス

Day 23 🎧 067
Quick Review
答えは右ページ下

□ ～するに値する	□ ～するつもりである	□ Aを処理する	□ Aに反対する
□ ～することを決心する	□ 必ず～する	□ Aに従う	□ Aに訴える
□ 自由に～する	□ ～することを拒む	□ Aの一因となる	□ Aを好きになる
□ ～するつもりである	□ ～する傾向がある	□ Aに従って生きる	□ Aに屈する

Check 2 Phrases 071

□ account for 10 percent of A (Aの10パーセントを占める)
□ account for the accident (事故の原因となる［理由を説明する］)

□ allow for costs (経費を考慮に入れる)

□ compensate for damage (損害を補償する)

□ make for the entrance (入り口へ向かって進む)
□ make for a better life (よりよい生活を生み出す)

□ pass for a teenager (［実際はもっと年上だが］ティーンエージャーとして通る)

□ provide for a family (家族を養う)
□ provide for equal opportunity (［法律が］機会均等を規定する)

□ run for governor (［州］知事に立候補する)

□ stand up for human rights (人権を擁護する)

Check 3 Sentences 072

□ Hispanics accounted for 19 percent of the U.S. population in 2022. (2022年にヒスパニック系の米国人は、米国の人口の19パーセントを占めた)

□ If you invest in stocks, you should allow for the possibility that they will lose value. (株に投資するなら、価値が減る可能性を考慮に入れるべきだ)

□ The government will compensate for the loss of budget revenues by increasing income tax. (政府は歳入の減少を所得税の増税で補う予定だ)

□ We made for the shore to see the sunset. (私たちは日没を見るためにその海岸へ向かった)

□ Although she's 30, she could still pass for a college student. (彼女は30歳だが、まだ大学生に見られる)

□ He has a large family to provide for. (彼には養わなければならない大家族がある)

□ He decided to run for Congress. (彼は国会議員に立候補する決心をした)

□ Don't be afraid to stand up for what is right. (正しいことを支持するのを恐れてはならない)

Day 23 067
Quick Review
答えは左ページ下

□ deserve to do	□ mean to do	□ attend to A	□ object to A
□ determine to do	□ never fail to do	□ conform to A	□ resort to A
□ feel free to do	□ refuse to do	□ contribute to A	□ take to A
□ intend to do	□ tend to do	□ live up to A	□ yield to A

語順1
動詞＋in A／動詞＋with A

Check 1　Chants 🎧 073

□ 385 **consist in** A	（事が）**本来A**（物・事）**にある**、（本質的なものが）Aにある　➕consist of Aは「Aから成り立つ」
□ 386 **delight in** A	**Aを大いに楽しむ**、喜ぶ
□ 387 **indulge in** A	**A**（快楽・欲望など）**にふける**、身を任せる
□ 388 **interfere in** A	❶**Aに干渉する**、口出しする（≒meddle in [with] A）　➕「必要とされてもいないのに、おせっかいをする」というニュアンス。interfere with Aは「Aを妨げる」 ❷Aの仲裁に入る
□ 389 **invest in** A	**A**（株など）**に投資**［出資］**する**；A（役立ちそうなこと・高価な物など）に金を使う；（invest A in Bで）A（金など）をBに投資［出資］する
□ 390 **originate in** [from] A	（物・事が）**Aに起源を持つ**、由来する；Aから生じる、起こる
□ 391 **persist in** A	**Aに固執する**、Aを貫く；辛抱強くA（～）し続ける（doing）　➕「困難であったり問題が多くてもやり続ける」というニュアンス
□ 392 **specialize in** A	❶**Aを専攻する**、専門に研究する、専門にする　➕通例、大学院以上のレベルに用いる。学部レベルで「Aを専攻する」はmajor in A ❷（店などが）Aを専門に扱う

continued ▼

Check 3までしっかりと学習してる？　熟語をマスターするには、何度も熟語と「出会う」ことが不可欠。焦らず着実に学習を進めよう！

□ 聞くだけモード　Check 1
□ しっかりモード　Check 1 ▸ 2
□ かんぺきモード　Check 1 ▸ 2 ▸ 3

Check 2　Phrases 🎧 074		Check 3　Sentences 🎧 075
□ consist in pleasure（[幸福などの本質が] 喜びにある）	▸	□ Love consists in sharing things mutually.（愛とは本来、互いに分かち合うことにある）
□ delight in playing the piano（ピアノを弾くのを楽しむ）	▸	□ She delights in painting landscapes.（彼女は風景画を描くのが好きだ）
□ indulge in gambling（ギャンブルにふける）	▸	□ She likes to indulge in fantasies.（彼女は空想にふけるのが好きだ）
□ interfere in the domestic affairs of another country（他国の内政に干渉する）	▸	□ I don't want to interfere in others' lives.（私は他人の生活に口出ししたくない）
□ invest in government bonds（国債に投資する） □ invest in a new car（新車にお金を使う）	▸	□ The company invests in new technologies.（その会社は新しい技術に投資している）
□ originate in ancient Greece（[芸術様式などが] 古代ギリシャに起源を持つ）	▸	□ Jazz originated in New Orleans.（ジャズはニューオーリンズから生まれた）
□ persist in A's belief（信念を貫く）	▸	□ We must persist in our efforts to achieve success.（成功をつかむためには辛抱強く努力し続けなければならない）
□ specialize in business management（経営学を専攻する）	▸	□ He plans to specialize in medieval philosophy in graduate school.（彼は大学院で中世哲学を専門に研究するつもりだ）

continued ▼

Check 1 Chants 073

□ 393
coincide with A

Aと同時に起こる

□ 394
come down with A

A（風邪など）**にかかる**、A（病気）で倒れる

□ 395
comply with A

A（要求・命令など）**に従う**、応じる（≒conform to A、follow、obey）

□ 396
dispense with A

❶**Aなしで済ます** ➕「もう必要でないので使わない」というニュアンス
❷Aを不要にする

□ 397
end up with [in] A

Aで終わる、終わりにはAになる

□ 398
go along with A
㊄Aについて行く

A（人・意見など）**に賛成**［協力］**する**（≒agree with A）

□ 399
go with A
㊄Aと一緒に行く

❶**Aに属**［付属、付随］**する**、伴う；Aつきで売られる
❷Aを（納得いくものとして）選ぶ

□ 400
sympathize with A

❶**A**（人）**に同情する**、A（人）を気の毒に思う（≒feel for A）
❷A（人・提案など）に同意［共鳴］する（≒agree to A、consent to A、assent to A）

Day 24 070 Quick Review
答えは右ページ下

□Aに従って行動する	□Aを常食にする	□Aを占める	□Aとして通る
□Aに頼る	□Aを主張する	□Aを考慮する	□Aを養う
□Aに頼る	□Aに基づく	□Aを償う	□Aに立候補する
□Aに降りかかる	□Aの給仕をする	□Aの方向へ向かう	□Aを支持する

Check 2 Phrases 074

Check 3 Sentences 075

Phrases		Sentences
□ be timed to coincide with A（[行事などが] Aと時を同じくして予定されている）	▸	□ Her birthday coincides with Christmas.（彼女の誕生日はクリスマスと同じ日だ）
□ come down with a cold（風邪をひく）	▸	□ Half of the class came down with the flu.（クラスの半数の生徒がインフルエンザにかかった）
□ comply with the law（法律に従う）	▸	□ You have to comply with the doctor's orders.（あなたは医者の指示に従わなければならない）
□ dispense with a car（車なしで済ます） □ dispense with tariff barriers（関税障壁を取り除く）	▸	□ Let's dispense with the formalities.（堅いことは抜きにしましょう）
□ end up with success（成功裏に終わる）	▸	□ The company had expanded its business but ended up with huge debts.（その会社は事業を拡大したが、結局は多大な負債を抱えることになった）
□ go along with his opinion（彼の意見に賛成する）	▸	□ The Congress is likely to go along with tax increases.（国会は増税に賛成する見込みだ）
□ the risks that go with surgery（手術に伴う危険） □ go with the smaller size（小さいほうのサイズを選ぶ）	▸	□ The furniture goes with the house.（その家は家具つきで売られている）
□ sympathize with her（彼女に同情する） □ sympathize with his idea（彼の案に共鳴する）	▸	□ We sympathize with her situation.（私たちは彼女の境遇に同情している）

Day 24 070
Quick Review
答えは左ページ下

□ act on A
□ count on A
□ fall back on A
□ fall on A
□ feed on A
□ insist on A
□ rest on A
□ wait on A
□ account for A
□ allow for A
□ compensate for A
□ make for A
□ pass for A
□ provide for A
□ run for A
□ stand up for A

Day 26

語順1
動詞＋of A／動詞＋at A

Check 1 Chants 076

□ 401
admit of A
（問題・計画などが）**Aの余地がある**、Aを許す（≒allow）

□ 402
approve of A
Aを是認する、Aに賛成する、Aをよしとする（⇔disapprove of A） ➕「人・事を好ましいと思う」というニュアンス

□ 403
beware of A
Aに用心［注意］**する** ➕命令文・不定詞でのみ用いる

□ 404
boast of [about] A
Aを自慢する、誇る、鼻にかける ➕「相手を自分に敬服させるために自慢する」というニュアンス

□ 405
come of A
Aの結果として起こる、Aの結果である（≒result from A）

□ 406
despair of A
Aに絶望する

□ 407
inquire of A
A（人）**に**（Bについて）**尋ねる**（about B）

□ 408
know of A
Aについて知っている［聞いている］、Aを間接的に知っている ➕「聞いたり、読んだりしたことはあるが、多くは知らない」というニュアンス。Do you know of A?の形で、人に何かを尋ねたり、助言を求める際にも用いられる

continued ▼

定義の下にある➕マークの説明を読んでる？熟語の持つ微妙なニュアンスもつかんで、「英語の超人」を目指そう！

□ 聞くだけモード　Check 1
□ しっかりモード　Check 1 ▸ 2
□ かんぺきモード　Check 1 ▸ 2 ▸ 3

Check 2　Phrases 🎧 077

□ admit of change（修正の余地がある）

□ approve of the plan（その計画に賛成する）

□ warn tourists to beware of pickpockets（すりに注意するよう旅行者に警告する）

□ boast of A's success（成功を自慢する）

□ Nothing came of it.（［前述の内容を受けて］その結果としては何も起きなかった）

□ despair of life（人生に絶望する）

□ inquire of him about the matter（その件について彼に尋ねる）

□ know of him（彼について知っている）

□ Not that I know of.（［質問に対して］私の知る限りそうではない）

Check 3　Sentences 🎧 078

□ The problem admits of no solution.（その問題は解決の余地がない）

□ Her father finally approved of her marriage.（彼女の父親はようやく彼女の結婚を認めた）

□ Beware of the dog!（イヌに注意！）

□ She boasts of her son.（彼女は息子を自慢にしている）

□ Nothing came of the discussion.（その話し合いからは何も得られなかった）

□ He despaired of ever seeing his home again.（彼は二度と自分の家に戻れないと絶望した）

□ The interviewer inquired of her about her background.（面接官は彼女に彼女の経歴について尋ねた）

□ I've never met her, but I know of her.（彼女に一度も会ったことはないが、彼女について聞いてはいる）

continued ▼

Check 1　Chants 076

□ 409 **aim at A**	❶**A（的など）を狙う** ❷Aを目指す、得ようとする
□ 410 **drive at A**	**Aを言おうとする**、意図する、Aに言及する（≒get at A、mean）➕what A is driving at（Aが言おうとしていること；Aが何を言おうとしているのか）という形で用いられることが多い
□ 411 **gaze at [into] A**	**Aをじっと見つめる**［見る］、凝視する ➕「関心のある物・美しい物などを、われを忘れて見つめる」というニュアンス。stare at [into] A（Aをじっと見つめる）は、「驚きや関心を持ったり、何かを考え込んだりしながら、長い間目を動かさずに見つめる」というニュアンス
□ 412 **get at A** ㊦Aに達する	❶（通例、進行形で）**Aを意味**［意図］**する**、ほのめかす（≒drive at A、mean） ❷A（真実など）を発見する、知る ❸Aに手が届く
□ 413 **glance at A**	❶**Aをちらっと見る** ❷Aにざっと目を通す
□ 414 **hint at A**	**Aをほのめかす**、それとなく言う
□ 415 **keep at A**	❶**A（仕事など）を根気よくやる**、続けてする ❷A（人）にがみがみ［うるさく］言う ➕「質問や攻撃を続けて、相手にやる気を失わせる」というニュアンス
□ 416 **marvel at A**	**Aに驚嘆する**、驚く

Day 25 073 Quick Review
答えは右ページ下

□ 本来Aにある	□ Aに投資する	□ Aと同時に起こる	□ Aで終わる
□ Aを大いに楽しむ	□ Aに起源を持つ	□ Aにかかる	□ Aに賛成する
□ Aにふける	□ Aに固執する	□ Aに従う	□ Aに属する
□ Aに干渉する	□ Aを専攻する	□ Aなしで済ます	□ Aに同情する

Check 2 Phrases 077		Check 3 Sentences 078
□ aim at the target（的を狙う） □ aim at perfection（完ぺきを目指す）	▶	□ The hunter aimed at the bear.（ハンターはそのクマに狙いを定めた）
□ what he is driving at（彼が言おうとしていること）	▶	□ I didn't know what she was driving at.（私は彼女が何を言おうとしているか分からなかった）
□ gaze at the stars（星をじっと見つめる）	▶	□ The couple gazed at each other.（その恋人たちはお互いをじっと見つめ合った）
□ What are you getting at?（あなたは何を言おうとしているのですか？） □ get at the facts（事実を知る）	▶	□ I tried to understand what he was getting at.（私は彼が何を意図しているのか理解しようとした）
□ glance at the clock（時計をちらっと見る） □ glance at the report（報告書にざっと目を通す）	▶	□ He glanced at the menu and ordered a hamburger.（彼はメニューにざっと目を通すとハンバーガーを注文した）
□ hint at resignation（辞職をほのめかす）	▶	□ She hinted at her feelings for him.（彼女は彼に対する思いをほのめかした）
□ Keep at it!（頑張れ！） □ keep at him（彼にがみがみ言う）	▶	□ It was hard to learn to ski, but I kept at it.（スキーを覚えるのは大変だったが、私は根気よく続けた）
□ marvel at his skill（彼の腕前に驚嘆する）	▶	□ The audience marveled at the magician's illusions.（観客はそのマジシャンの大掛かりな手品に驚嘆した）

Day 25 073
Quick Review
答えは左ページ下

□ consist in A	□ invest in A	□ coincide with A	□ end up with A
□ delight in A	□ originate in A	□ come down with A	□ go along with A
□ indulge in A	□ persist in A	□ comply with A	□ go with A
□ Interfere in A	□ specialize in A	□ dispense with A	□ sympathize with A

Day 27

語順2
動詞＋A to do／動詞＋A to B

Check 1 Chants 079

□417 **advise** A **to** do	**Aに～するよう勧める**、勧告［助言］する
□418 **compel** A **to** do	**Aに無理に**［強いて］**～させる**、権力で～させる ✚force A to doのほうが一般的な表現
□419 **expect** A **to** do	**A**（人・事）**が～するだろうと思う**、期待する
□420 **force** A **to** do	（人・事が）**A**（人）**に～することを強制する**［強いる］（≒compel A to do）
□421 **permit** A **to** do	**A**（人）**に～することを許可する** ✚「公に許可する」というニュアンス
□422 **persuade** A **to** do [into doing]	**Aを説得して～させる**（≒have A do、get A to do、talk A into doing）
□423 **remind** A **to** do	**A**（人）**に～することを気づかせる**、思い出させる、思い起こさせる ✚remind A of [about] Bは「A（人）にB（人・事・物）を気づかせる」
□424 **require** A **to** do	**A**（人）**に～するように命じる**、要請［要求］する

continued ▼

今日からDay 29までは「動詞＋A＋前置詞＋B」型の熟語をチェック！　まずは前置詞toを使った熟語から。

□ 聞くだけモード　Check 1
□ しっかりモード　Check 1 ▸ 2
□ かんぺきモード　Check 1 ▸ 2 ▸ 3

Check 2　Phrases 🎧 080	Check 3　Sentences 🎧 081
□ advise him to lose weight（彼に減量するよう勧める）	□ The government advised residents to evacuate.（政府は住民に避難するよう勧告した）
□ compel him to obey orders（彼に命令に従わせる）	□ Public opinion compelled the president to resign.（世論により大統領は辞職を余儀なくされた）
□ expect her to come to the party（彼女がパーティーに来るだろうと期待する）	□ We expect the weather to be fine today.（今日は、天気はよくなるだろう）
□ force him to admit his guilt（彼に罪を認めさせる）	□ Her parents are forcing her to get married.（彼女の両親は彼女に結婚するよう強く言っている）
□ permit him to enter the university（彼に大学への入学を認める）	□ No one is permitted to smoke in the hospital.（病院内では喫煙は許可されていない）
□ persuade her to see him（彼女を説得して彼に会わせる）	□ His parents persuaded him to return to Japan.（彼の両親は彼を説得して日本に帰って来させた）
□ remind him to do his homework（彼に宿題をすることを思い出させる）	□ Please remind me to buy shampoo.（［忘れていたら］シャンプーを買うように私に言ってください）
□ require students to wear uniforms（生徒に制服を着るように求める）	□ The law requires you to wear a seat belt while driving.（法律により、運転中はシートベルトをするよう求められている）

continued
▼

Check 1　Chants 079

□ 425
adapt A to B

❶**AをBに適合**［適応、順応］**させる**（≒adjust A to B）；(adapt oneself to Aで）Aに順応する
❷(adapt to Aで）A（環境など）に順応する（≒adjust to A）

□ 426
adjust A to B

❶**AをBに適合**［合致］**させる**、合わせる（≒adapt A to B）➕「改良するために、わずかな変化をつける」というニュアンス；(adjust oneself to Aで）Aに順応する
❷(adjust to Aで）A（環境など）に順応する、慣れる（≒adapt to A）

□ 427
attribute A to B

❶**A**（結果）**をB**（原因）**のせいにする**、AをBに起因すると考える（≒ascribe A to B）
❷(通例、受け身で）A（作品）をB（人など）の作だとする［考える］
❸A（性質など）がBにあると考える

□ 428
confine A to B

❶**A**（人）**をB**（場所）**に監禁する**、閉じ込める
❷A（発言など）をB（の範囲）に制限する、限定する（≒limit A to B、restrict A to B）

□ 429
direct A to B

A（人）**にBへの道を教える** ➕同行はしない。同行して「AをBへ道案内する［導く］」はguide A to B

□ 430
expose A to B

❶**A**（人・物）**をB**（危険など）**にさらす**
❷A（隠している物など）をBに見せる
❸A（人）をB（物・事）に触れさせる、向ける
❹A（秘密・犯罪など）をBに暴露する（≒reveal A to B）

□ 431
limit A to B

AをBに制限する、限定する（≒restrict A to B、confine A to B）

□ 432
remember A to B

A（人）**のことをB**（人）**によろしくと伝える**（≒give A's regards to B）➕通例、命令文か受け身で用いる

Day 26 076 Quick Review
答えは右ページ下

□Aの余地がある	□Aの結果として起こる	□Aを狙う	□Aをちらっと見る
□Aを是認する	□Aに絶望する	□Aを言おうとする	□Aをほのめかす
□Aに用心する	□Aに尋ねる	□Aをじっと見つめる	□Aを根気よくやる
□Aを自慢する	□Aについて知っている	□Aを意味する	□Aに驚嘆する

Check 2 Phrases 080

☐ adapt oneself to the cold climate（寒い気候に順応する）

☐ adjust prices to market levels（価格を市価の水準に合わせる）

☐ attribute A's success to A's efforts（成功を努力のおかげと考える）
☐ be attributed to Picasso（[絵が] ピカソの作だと考えられている）

☐ confine a prisoner to a cell（囚人を独房に監禁する）
☐ confine A's remarks to one subject（感想を1つの話題に限定する）

☐ direct him to the station（彼に駅への道を教える）

☐ expose him to danger（彼を危険にさらす）
☐ expose students to good books（生徒たちを良書に触れさせる）

☐ limit the essay to 1,000 words（エッセーを1000語以内にまとめる）

☐ asked to be remembered to you（[主語が] あなたによろしくと言っていた）

Check 3 Sentences 081

☐ Immigrants need to adapt their way of life to the new environment.（移民たちは自分たちの生活様式を新しい環境に適合させなければならない）

☐ She adjusted the seat to her height.（彼女は自分の身長に合うように座席を調整した）

☐ He attributed his failure to bad luck.（彼は自分の失敗を不運のせいにした）

☐ The defendant has been confined to jail for two years.（その被告人は拘置所に2年間監禁されている）

☐ Could you direct me to the nearest post office, please?（最寄りの郵便局への道を教えてくれませんか？）

☐ The soldiers were exposed to gunfire on the battlefield.（兵士たちは戦場で砲火にさらされた）

☐ Parking is limited to two hours.（駐車は2時間以内に制限されている）

☐ Remember me to your wife.（奥さんによろしくお伝えください）

Day 26 076
Quick Review
答えは左ページ下

☐ admit of A	☐ come of A	☐ aim at A	☐ glance at A
☐ approve of A	☐ despair of A	☐ drive at A	☐ hint at A
☐ beware of A	☐ inquire of A	☐ gaze at A	☐ keep at A
☐ boast of A	☐ know of A	☐ get at A	☐ marvel at A

語順2
動詞＋A for B／動詞＋A of B

Check 1　Chants 082

□ 433
admire A for B

A（人）をBの点で称賛する、褒める（≒praise A for B）

□ 434
apologize to A for B

A（人）にB（過ち・無礼など）を謝罪する、謝る、わびる

□ 435
charge A for B

A（人）にBの代金を請求する ➕金額まで入れて言う場合は、charge A B for C（A［人］にCの代金としてB［金額］を請求する）となる

□ 436
criticize A for B

A（人）をBのことで非難する（≒blame A for B）

□ 437
excuse A for B

❶**A（人）のB（行為など）を許す**、B（行為など）についてAを許す（≒forgive A for B） ➕forgiveより「軽い過失を許す」というニュアンス
❷（excuse oneself for Aで）Aの弁解［言い訳］をする

□ 438
forgive A for B

A（人）のB（罪・違反など）を許す（≒excuse A for B） ➕excuseより「重い過失を許す」というニュアンス

□ 439
praise A for B

A（人）をBのことで褒める、称賛する（≒admire A for B）

□ 440
trade A for B

A（物）をB（物）と交換する、物々交換する（≒exchange A for B）

continued ▼

チェックシートは使ってる？　定義はもちろん、Check 2と3で和訳を見ながら熟語がすぐに出てくるかもチェックしよう！

□ 聞くだけモード　Check 1
□ しっかりモード　Check 1 ▸ 2
□ かんぺきモード　Check 1 ▸ 2 ▸ 3

Check 2　Phrases 🎧 083	Check 3　Sentences 🎧 084
□ admire him for his achievement（彼を彼の業績の点で称賛する）	□ I always admire her for her artistic sense.（私は彼女の芸術的なセンスにいつも感心している）
□ apologize to her for being late（遅れたことを彼女に謝る）	□ I apologized to him for the way I had behaved last night.（私は彼に昨夜の行動をわびた）
□ charge him for rent（彼に家賃を請求する）	□ The clerk charged her $2 for the copies.（その店員は彼女にコピー代として2ドル請求した）
□ criticize him for his behavior（彼の行いのことで彼を非難する）	□ She criticized him for using violence.（彼女は暴力を使ったことで彼を責めた）
□ excuse her for forgetting her homework（彼女が宿題を忘れたことを許す）	□ She excused me for being late.（彼女は私が遅れて来たことを許した）
□ forgive him for his mistake（彼の間違いを許す）	□ I'll never forgive him for breaking his promise.（私は彼が約束を破ったことを絶対に許さないだろう）
□ praise him for his good deeds（行いがよいことで彼を褒める）	□ Her teacher praised her for her hard work.（彼女の先生は彼女が勤勉なことを褒めた）
□ trade jewelry for money（宝石をお金と交換する）	□ I traded my car for his motorcycle.（私は自分の車を彼のオートバイと交換した）

continued ▼

Check 1 Chants 🎧 082

□ 441
convict A of B
A（人）にB（犯罪）の有罪を宣告する（⇔acquit A of B）

□ 442
convince A of B
A（人）にB（事）を納得［確信］させる

□ 443
cure A of B
❶**A（人）のB（病気）を治す**
❷A（人）からB（悪癖など）を取り除く

□ 444
notify A of B
A（人）にB（物・事）を知らせる、報告［通知］する（≒inform A of [about] B） ➕「正式に伝える」というニュアンス

□ 445
relieve A of B
❶**A（人）をB（職・地位など）から解雇する**、外す ➕「間違いを犯したので辞めさせる」というニュアンス。受け身で用いられることも多い
❷A（人）からB（負担・責任など）を取り除く
❸A（人）からB（金品）を奪う、盗む（≒rob A of B）

□ 446
rid A of B
❶**A（場所・物など）からBを取り除く**、除去する ➕「悪い物・危険な物を取り除く」というニュアンス
❷(rid oneself of Aで）Aから解放される、抜け出す ➕「困っていた問題などから抜け出す」というニュアンス

□ 447
strip A of B
❶**A（場所・人・物）からB（物）をはぎ取る**、取り除く、取り去る ➕「表面を覆っていた物を取り去る」というニュアンス
❷A（人）からB（財産・権利など）を奪う（≒deprive A of B、rob A of B）

□ 448
warn A of B
A（人）にB（危険など）を警告［注意］する

Day 27 🎧 079 Quick Review
答えは右ページ下

□ Aに～するよう勧める
□ Aに無理に～させる
□ Aが～するだろうと思う
□ Aに～することを強制する
□ Aに～することを許可する
□ Aを説得して～させる
□ Aに～することを気づかせる
□ Aに～するように命じる
□ AをBに適合させる
□ AをBに適合させる
□ AをBのせいにする
□ AをBに監禁する
□ AにBへの道を教える
□ AをBにさらす
□ AをBに制限する
□ AのことをBによろしくと伝える

Check 2 Phrases 083

□ convict him of robbery（彼に強盗の有罪を宣告する）

□ convince her of her mistake（彼女に彼女の間違いを納得させる）

□ cure him of a disease（彼の病気を治す）

□ notify the police of an accident（警察に事故を報告する）

□ relieve him of his command（彼から指揮権を奪う）

□ relieve her of her burden（彼女から負担を取り除く）

□ rid a lawn of weeds（芝生から雑草を取り除く）

□ rid oneself of the smoking habit（喫煙癖から解放される）

□ strip the land of trees（その土地の木を伐採する）

□ strip him of his property（彼から財産を奪う）

□ warn him of impending danger（今にも起きようとしている危険を彼に知らせる）

Check 3 Sentences 084

□ The jury convicted the defendant of murder.（陪審員団はその被告人に殺人の有罪評決を出した）

□ She tried to convince him of the dangers of smoking.（彼女は彼に喫煙の危険性を分からせようとした）

□ The doctor cured the patient of pneumonia.（その医者は患者の肺炎を治した）

□ She notified me of her new address.（彼女は私に彼女の新しい住所を知らせてきた）

□ He was relieved of his post for health reasons.（彼は健康上の理由から官職を解かれた）

□ We hope to rid the world of nuclear weapons.（私たちは世界から核兵器をなくしたいと願っている）

□ She stripped the bed of sheets and washed them.（彼女はベッドからシーツをはがして洗濯した）

□ He warned me of the risks of investing in stocks.（彼は株式に投資するリスクについて私に注意した）

Day 27 079
Quick Review
答えは左ページ下

□ advise A to do	□ permit A to do	□ adapt A to B	□ direct A to B
□ compel A to do	□ persuade A to do	□ adjust A to B	□ expose A to B
□ expect A to do	□ remind A to do	□ attribute A to B	□ limit A to B
□ force A to do	□ require A to do	□ confine A to B	□ remember A to B

Day 29

語順2
動詞＋A with [from, on, as] B

Check 1　Chants 🎧 085

□ 449 **charge A with B**	❶**A（人）をB（罪）のかどで告発する**、非難する、責める　➕accuse A of Bよりフォーマルな表現 ❷（通例、受け身で）A（人）にB（仕事など）を課す、託す
□ 450 **confuse A with B**	**A（人・物）をB（別の人・物）と間違える**、混同する
□ 451 **endow A with B**	（自然・神などが）**A（人）にB（才能など）を授ける**、付与する；(be endowed with Aで)（人などが）A（才能など）を生まれながらに持っている
□ 452 **equip A with B**	**AにB（必要な物）を装備する**、備えつける（≒furnish A with B）
□ 453 **furnish A with B**	❶**A（部屋など）にB（家具など）を備えつける**、設備する（≒equip A with B） ❷AにB（必要な物など）を提供する、与える（≒provide A with B、supply A with B）
□ 454 **identify A with B**	❶**A（人・物・事）をBと同一視する**、同一のものと見なす、AをBと結びつける ❷(identify with Aで) A（人）と自分を同一視する；A（人）の身になる
□ 455 **load A with B**	❶**A（乗り物など）にB（荷物）を積み込む**、積む ❷A（銃・カメラなど）にB（弾丸・フィルムなど）を入れる、装てんする
□ 456 **trust A with B**	**A（人）にB（大事な物）を預ける**［任す］、委託［信託］する（≒entrust A with B）➕「大切に扱ってくれると信じて預ける」というニュアンス。trust A with Bはtrust B to Aに言い換え可能

continued ▼

「細切れ時間」を活用してる？　1日のうちのちょっとした空き時間を使って、「分散学習」をしてみよう。定着率がよくなるよ。

□聞くだけモード　Check 1
□しっかりモード　Check 1 ▸ 2
□かんぺきモード　Check 1 ▸ 2 ▸ 3

Check 2　Phrases 🎧 086	Check 3　Sentences 🎧 087
□ charge him with fraud（彼を詐欺罪で告発する） □ charge her with the task（彼女にその仕事を課す）	□ The prosecutor's office charged the politician with receiving bribes.（検察庁はその政治家を賄賂を受け取ったとして告発した）
□ confuse Iran with Iraq（イランをイラクと間違える）	□ She is often confused with her older sister.（彼女は彼女の姉とよく間違われる）
□ endow students with knowledge（生徒たちに知識を授ける） □ be endowed with talent（生まれながらに才能がある）	□ She is endowed with the gift of music.（彼女は天賦の音楽の才能がある）
□ equip police officers with bulletproof vests（警官に防弾チョッキを装備する）	□ The school equipped its computer lab with 30 new computers.（その学校はコンピューター室に30台の新しいコンピューターを設置した）
□ furnish a room with a desk and a bed（部屋に机とベッドを備えつける）	□ She furnished her living room with antique chairs.（彼女は居間をアンティークの椅子で飾った）
□ identify with a hero（ヒーローになり切る）	□ We tend to identify wealth with money.（私たちは豊かさをお金と結びつけがちである）
□ load the car with luggage（車に旅行かばんを積み込む） □ load the gun with bullets（銃に弾丸を装てんする）	□ He loaded his truck with goods.（彼はトラックに商品を積み込んだ）
□ trust her with money（彼女にお金を預ける）	□ We trusted him with our lives.（私たちは彼に私たちの命を託した）

continued
▼

Check 1 Chants 🎧 085

□ 457 **keep** A **from** B	**A**（物・事）**をB**（人）**に隠す** ⊕keep A from doing は「Aに～をさせない（ようにする）」
□ 458 **order** A **from** B	**AをBに注文する** ⊕fromをtoにしないように注意
□ 459 **protect** A **from** [against] B	**AをB**（危険など）**から守る**
□ 460 **withdraw** A **from** B ㊄AをBから引っ込める	❶**A**（預金）**をB**（口座など）**から引き出す** ❷A（軍隊など）をBから引き揚げる、撤退させる；AをBから取り戻す；（withdraw from Aで）Aから撤退する、A（組織など）から脱退する；Aから立ち去る
□ 461 **impose** A **on** B	❶**A**（罰・税など）**をB**（人・物）**に科す**、課す、負わす ❷A（意見・信念など）をB（人）に押しつける、強いる
□ 462 **waste** A **on** B	**A**（時間・金など）**をBに浪費**［消耗］**する**、A（時間・金など）をBで無駄にする
□ 463 **define** A **as** B	**AをBと定義する**
□ 464 **identify** A **as** B	**A**（人・物）**をBであると確認**［識別］**する**

Day 28 🎧 082 Quick Review
答えは右ページ下

□ AをBの点で称賛する	□ AのBを許す	□ AにBの有罪を宣告する	□ AをBから解雇する
□ AにBを謝罪する	□ AのBを許す	□ AにBを納得させる	□ AからBを取り除く
□ AにBの代金を請求する	□ AをBのことで褒める	□ AのBを治す	□ AからBをはぎ取る
□ AをBのことで非難する	□ AをBと交換する	□ AにBを知らせる	□ AにBを警告する

Check 2 Phrases 086

Check 3 Sentences 087

Check 2 Phrases	Check 3 Sentences
□ keep the secret from him（秘密を彼に隠す）	□ She had kept the truth from us.（彼女は私たちに真相を隠していた）
□ order a pizza from Pizza Hut（ピザをピザハットに注文する）	□ He ordered the idiom book from a bookstore.（彼はその熟語集を本屋に注文した）
□ protect her from danger（彼女を危険から守る）	□ We must take measures to protect rare species from extinction.（私たちは希少種を絶滅から守るための手段を講じなければならない）
□ withdraw money from an ATM（ATMからお金を引き出す） □ withdraw troops from the front lines（軍隊を前線から引き揚げる）	□ He withdrew $2,000 from his account to buy a new PC.（彼は新しいパソコンを買うために2000ドルを口座から下ろした）
□ impose economic sanctions on A（Aに経済制裁を課す） □ impose A's opinion on others（意見をほかの人に押しつける）	□ The court imposed a fine of $10,000 on the defendant.（裁判所はその被告人に1万ドルの罰金を科した）
□ waste money on gambling（お金をギャンブルに浪費する）	□ Don't waste your time on such a stupid movie!（そんなばかげた映画に時間を無駄遣いするな！）
□ define patriotism as "love for and devotion to one's country"（愛国心を「自国に対する愛情と忠誠」と定義する）	□ One dictionary defines "two" as "the sum of one and one."（ある辞書は「2」を「1と1の和」と定義している）
□ identify the man as a terrorist（その男をテロリストであると確認する）	□ They must wear name tags to identify them as employees of the company.（彼らはその会社の従業員であると確認するため名札を着けていなければならない）

Day 28 082 Quick Review
答えは左ページ下

□ admire A for B	□ excuse A for B	□ convict A of B	□ relieve A of B
□ apologize to A for B	□ forgive A for B	□ convince A of B	□ rid A of B
□ charge A for B	□ praise A for B	□ cure A of B	□ strip A of B
□ criticize A for B	□ trade A for B	□ notify A of B	□ warn A of B

語順3
be＋形容詞＋to do ／ be＋形容詞＋to A

Check 1　Chants 088

□ 465
be anxious to do

～することを切望している、～したく思っている（≒be eager to do、be keen to do）➕非常に意欲的であることを表す

□ 466
be apt to do

（生まれつき・習慣的に）**～する傾向がある**、～しがちである（≒be liable to do、be prone to do）

□ 467
be eager to do

しきりに～したがっている、～したいと思っている（≒be anxious to do、be keen to do）➕非常に意欲的であることを表す

□ 468
be entitled to do

～する資格［権利］がある

□ 469
be inclined to do

❶**～したいと思っている**
❷（人が）（性質的に）～する傾向がある

□ 470
be liable to do

❶（習慣的に）**～しがちである**、～しやすい（≒be apt to do、be prone to do）；多分～する、～しそうである（≒be likely to do）➕好ましくないことに用いられることが多い
❷（法律上）～する義務［責任］がある

□ 471
be obliged to do

余儀なく～する、～せざるを得ない（≒be compelled to do）➕「義務があるのでせざるを得ない」というニュアンス

□ 472
be reluctant to do

～したくない、～することに気が進まない（≒be unwilling to do）

continued

今日からDay 32までの3日間では、「be＋形容詞＋前置詞＋A」型の熟語をマスター。まずは、前置詞toを使った熟語からスタート！

□ 聞くだけモード　Check 1
□ しっかりモード　Check 1 ▸ 2
□ かんぺきモード　Check 1 ▸ 2 ▸ 3

Check 2 Phrases 🎧 089	Check 3 Sentences 🎧 090
□ be anxious to see her（彼女に会いたがっている）	□ He is anxious to go to Rome.（彼はローマに行きたがっている）
□ be apt to forget（物忘れをしやすい、忘れっぽい）	□ He is apt to get angry.（彼は怒りっぽい）
□ be eager to learn（勉強熱心である）	□ She is eager to find out the result of the university entrance exam.（彼女は大学入試の結果を知りたがっている）
□ be entitled to vote（投票する資格がある、選挙権がある）	□ Every child is entitled to receive an education.（すべての子どもは教育を受ける権利がある）
□ be inclined to take a break（休憩したいと思う） □ be inclined to think that ～（～だと考える傾向がある）	□ We are inclined to support his plan.（私たちは彼の計画を支持したいと思っている）
□ be liable to catch a cold（風邪をひきやすい） □ be liable to pay taxes（税金を払う義務がある）	□ Human beings are liable to make mistakes.（人間は間違いを犯しやすい）
□ be obliged to pay the debt（負債を支払う義務がある）	□ Children are legally obliged to go to school until they are 15 years old.（法律上、子どもたちは15歳までは学校に行かなくてはならない）
□ be reluctant to go to school（学校へ行く気がしない）	□ He was reluctant to admit his mistake.（彼は自分の誤りを認めたがらなかった）

continued ▼

Check 1 Chants 088

□ 473
be common to A

Aに共通している

□ 474
be equivalent to A

Aと同等［同価値、同意義］**である**；Aに相当する、等しい ➕「価値・大きさなどが同じである」というニュアンス。be equal to Aよりフォーマルな表現

□ 475
be essential to [for] **A**

Aにとって不可欠である、絶対必要である（≒be indispensable to [for] A） ➕「必要かつ重要である」というニュアンス

□ 476
be indispensable to [for] **A**

Aにとって不可欠である、欠くことができない、絶対必要である（≒be essential to [for] A）

□ 477
be open to A

❶（場所などが）**Aに開放されている**
❷A（批判など）を受けやすい、招きやすい；A（提案など）を受け入れる用意がある

□ 478
be peculiar to A

A（人・場所・物など）**に特有**［独特、固有］**である**

□ 479
be relevant to A

A（当面の問題）**と関係**［関連］**がある** ➕「論争・検討中の話題や問題と直接に関係している」というニュアンス

□ 480
be true to A

Aに忠実［誠実］**である**（≒be faithful to A、be loyal to A） ➕be true of Aは「Aについても当てはまる」

Day 29 085 Quick Review
答えは右ページ下

□ AをBのかどで告発する
□ AをBと間違える
□ AにBを授ける
□ AにBを装備する
□ AにBを備えつける
□ AをBと同一視する
□ AにBを積み込む
□ AにBを預ける
□ AをBに隠す
□ AをBに注文する
□ AをBから守る
□ AをBから引き出す
□ AをBに科す
□ AをBに浪費する
□ AをBと定義する
□ AをBであると確認する

Check 2 Phrases 089

Check 3 Sentences 090

Check 2 Phrases	Check 3 Sentences
□ a theme common to Oe Kenzaburo's novels (大江健三郎の小説に共通しているテーマ)	□ Colorful feathers are common to many tropical birds. (カラフルな羽は熱帯地方の鳥の多くに共通している)
□ a Japanese word equivalent to the English word "Mr." (英語の「Mr.」に相当する日本語)	□ One mile is equivalent to about 1.61 kilometers. (1マイルは約1.61キロメートルに相当する)
□ elements essential to success (成功のために不可欠な要素)	□ Getting enough sleep is essential to good health. (十分な睡眠を取ることは健康にとって不可欠である)
□ things indispensable to life (生活にとって不可欠な物、生活必需品)	□ Water is indispensable to our daily lives. (水は私たちの日常生活にとって不可欠である)
□ be open to the public (一般に開放されている) □ be open to criticism (批判を受けやすい)	□ This contest is open to everyone. (このコンテストには誰でも参加できる)
□ a custom peculiar to Japan (日本に特有の習慣)	□ The problem of racism is not peculiar to the U.S. (人種差別の問題は米国に特有ではない)
□ issues relevant to our lives (私たちの生活と関連のある問題)	□ The conference was relevant to my work. (その会議は私の仕事と関係のあるものだった)
□ be true to A's word [promise] (約束に忠実である)	□ He is true to his friends. (彼は友人たちに誠実である)

Day 29 085 Quick Review
答えは左ページ下

□ charge A with B	□ furnish A with B	□ keep A from B	□ impose A on B
□ confuse A with B	□ identify A with B	□ order A from B	□ waste A on B
□ endow A with B	□ load A with B	□ protect A from B	□ define A as B
□ equip A with B	□ trust A with B	□ withdraw A from B	□ identify A as B

Day 31

語順3
be＋形容詞＋for A／be＋形容詞＋of A

Check 1 Chants 091

□ 481 be **anxious for** A	**Aを切望している**（≒be eager for A） ➕be anxious about Aは「Aのことを心配している」
□ 482 be **appropriate for** A	**Aに適している**、ふさわしい（≒be good for A、be suitable for A、be suited to [for] A、be fit for A） ➕「特定の時・状況・目的にふさわしい」というニュアンス
□ 483 be **eager for** A	**Aを切望**［熱望］**している**（≒be anxious for A）
□ 484 be **grateful for** A	**Aのことで感謝している**、ありがたく［うれしく］思っている（≒be thankful for A）
□ 485 be **headed for** A	**A**（場所・困難など）**に向かって進んでいる**
□ 486 be **noted for** A	**Aで有名**［著名］**である**、名高い（≒be famous for A） ➕「品質や技術の点で有名である」というニュアンス
□ 487 be **notorious for** A	**Aで悪名高い**（≒be infamous for A） ➕「よい意味で有名である」はbe famous for A
□ 488 be **short for** A	**Aの略である**、Aの省略［短縮］（形）である

continued ▼

見出し中の「be」は、主語の人称や時制によって、is・am・are＝現在形、was・were＝過去形になることに注意しよう。

□ 聞くだけモード　Check 1
□ しっかりモード　Check 1 ▶ 2
□ かんぺきモード　Check 1 ▶ 2 ▶ 3

Check 2　Phrases 092		Check 3　Sentences 093
□ be anxious for peace（平和を切望している） □ be anxious for him to do（彼が～することを願っている）	▶	□ She is anxious for his safe return.（彼女は彼が無事に帰ってくることを願っている）
□ be appropriate for the situation（その状況に適している）	▶	□ This movie is appropriate for children.（この映画は子どもが見るのに適している）
□ be eager for success（成功を強く望んでいる）	▶	□ The politician is eager for fame.（その政治家は名声を強く欲している）
□ be grateful for her help（彼女の助けをありがたく思っている）	▶	□ I am most grateful for your kindness.（ご親切にしていただきとても感謝しています）
□ be headed for a crisis（危機へと向かっている）	▶	□ The country is headed for ruin.（その国は崩壊に向かって進んでいる）
□ be noted for A's beauty（美しさで有名である）	▶	□ The city is noted for its rich cultural heritage.（その街は豊かな文化遺産で有名である）
□ a city notorious for its high crime rate（高い犯罪率で悪名高い都市）	▶	□ This area is notorious for bad weather.（この地方は天気が悪いことで知られている）
□ be short for "United Nations"（[UNは]「United Nations」の略である）	▶	□ U.S. is short for "United States."（U.S.は「United States」の略である）

continued
▼

Check 1 Chants 🎧 091

□ 489 be **characteristic** of A	**Aに特有［独特］である**、Aに特徴的である、Aの特徴［特色］を示している（≒be typical of A）
□ 490 be **composed of** A	**Aから成り立っている**、Aでできている（≒be made up of A、consist of A）
□ 491 be **convinced of** A	**Aを確信している**、信じ切っている（≒be sure of [about] A、be certain of [about] A、be confident of [about] A、be positive about [of] A）
□ 492 be **ignorant of** [about] A	**Aを知らない** ➕「知っておくべきことなのに知らないでいる」というニュアンス
□ 493 be **incapable of** A	**Aの能力がない**、A（～）する能力がない、A（～）することができない（doing）（⇔be capable of A）
□ 494 be **jealous of** A	**Aをねたんでいる**、嫉妬している ➕be envious of Aとほぼ同義だが、jealousのほうが「怒りや不幸を感じるほどにねたんでいる」というニュアンスが強い
□ 495 be **representative** of A	**Aを象徴［表現］している**、Aの典型を示している
□ 496 be **true of** A	**Aについても当てはまる**、言える ➕be true to Aは「Aに忠実［誠実］である」

Day 30 🎧 088
Quick Review
答えは右ページ下

□ ～することを切望している	□ ～したいと思っている	□ Aに共通している	□ Aに開放されている
□ ～する傾向がある	□ ～しがちである	□ Aと同等である	□ Aに特有である
□ しきりに～したがっている	□ 余儀なく～する	□ Aにとって不可欠である	□ Aと関係がある
□ ～する資格がある	□ ～したくない	□ Aにとって不可欠である	□ Aに忠実である

Check 2 Phrases 092

☐ the climate characteristic of the region（その地方に特有の気候）

☐ a committee composed of 10 members（10名の委員から成る委員会）

☐ be convinced of the safety of A（Aの安全性を確信している）

☐ be ignorant of the world（世間知らずである）

☐ be incapable of success（成功することができない）

☐ be incapable of doing the job（その仕事をする能力がない）

☐ be jealous of others' happiness（他人の幸せをねたんでいる）

☐ composers representative of Romanticism（ロマン主義を代表する作曲家たち）

☐ The same is true of A.（同じことがAにも当てはまる）

Check 3 Sentences 093

☐ The church is characteristic of Gothic architecture.（その教会はゴシック建築の特徴を示している）

☐ Water is composed of oxygen and hydrogen.（水は酸素と水素から成り立っている）

☐ I am convinced of his innocence.（私は彼の無罪を確信している）

☐ She is amazingly ignorant of world history.（彼女は世界史を驚くほど知らない）

☐ I was incapable of caring for myself for three weeks after the operation.（私は手術の後3週間、自分の身の回りのことができなかった）

☐ He was jealous of his colleague's promotion.（彼は同僚の昇進をねたんでいた）

☐ The pyramids are representative of ancient Egyptian civilization.（ピラミッドは古代エジプト文明を象徴している）

☐ This is true of every case.（このことはすべての場合に当てはまる）

Day 30 088 Quick Review
答えは左ページ下

☐ be anxious to do	☐ be inclined to do	☐ be common to A	☐ be open to A
☐ be apt to do	☐ be liable to do	☐ be equivalent to A	☐ be peculiar to A
☐ be eager to do	☐ be obliged to do	☐ be essential to A	☐ be relevant to A
☐ be entitled to do	☐ be reluctant to do	☐ be indispensable to A	☐ be true to A

語順3
be＋形容詞＋with [about, on, in] A

Check 1　Chants 094

□ 497 be **bored with** A	**Aにうんざり**［退屈］**している**（≒be tired of A、be sick of A、be fed up with A、be weary of A）
□ 498 be **concerned with** [in] A	**Aに関係**［関与］**している** ➕名詞の後で後置修飾することも多い。be concerned about [for] Aは「Aのことを心配している」
□ 499 be **confronted with** [by] A	A（困難など）**に直面している**（≒be faced with A、be up against A）
□ 500 be **consistent with** A	（意見・行動などが）**Aと一致**［調和、両立］**している**、矛盾していない
□ 501 be **equipped with** A	❶**A**（必要な物）**を装備している** ❷（人が）A（学問・教養など）を身につけている
□ 502 be **fed up with** A	**Aに飽き飽きしている**、うんざりしている（≒be tired of A、be sick of A、be bored with A、be weary of A） ➕「いらいらするほど飽きて、変化を求めている」というニュアンス
□ 503 be **occupied with** A	**Aで忙しい**、Aに専念［従事］している
□ 504 be **through with** A	❶**Aを終える**、仕上げる ❷A（人・事）との関係を断つ；A（人）を愛さなくなる

continued ▼

今日でChapter 3は最後。語順の「リズム」もだいぶつかめてきたのでは？　でも、ここで安心しないで、復習を忘れずに！

□ 聞くだけモード　Check 1
□ しっかりモード　Check 1 ▸ 2
□ かんぺきモード　Check 1 ▸ 2 ▸ 3

Check 2　Phrases 🎧 095	Check 3　Sentences 🎧 096
□ be bored with A's job（仕事にうんざりしている）	□ The students were bored with the professor's lecture.（学生たちはその教授の講義に退屈していた）
□ people concerned with education（教育に関係している人々）	□ This book is concerned with the history of music.（この本は音楽の歴史に関するものだ）
□ be confronted with trouble（面倒なことに直面している）	□ The company is confronted with financial difficulties.（その会社は資金難に直面している）
□ be consistent with A's words（［行動などが］言うことと一致している）	□ His behavior is always consistent with his principles.（彼の行動は彼の信念と常に一致している）
□ be equipped with weapons（武器を装備している） □ be equipped with skills（技術を身につけている）	□ The hotel is equipped with fire extinguishers and smoke detectors in every room.（そのホテルはすべての部屋に消火器と火災感知器を備えている）
□ be fed up with her complaints（彼女の愚痴にうんざりしている）	□ I'm really fed up with studying for exams.（私は試験勉強に本当に飽き飽きしている）
□ be occupied with A's work（仕事で忙しい；仕事に専念している）	□ Last week, he was occupied with writing an essay.（先週、彼は小論文を書くので忙しかった）
□ be through with school（学校を終える） □ be through with drinking（禁酒する）	□ I will be through with my paper by tomorrow.（私はレポートを明日までに書き上げるつもりだ）

continued
▼

Check 1 Chants 094

□ 505 **be anxious about A**	**Aのことを心配している**、気にしている(≒be worried about A、be concerned about [for] A) ➕be anxious for Aは「Aを切望している」
□ 506 **be concerned about [for] A**	**Aのことを心配している**、気遣っている(≒be worried about A、be anxious about A) ➕be concerned with [in] Aは「Aに関係[関与]している」
□ 507 **be curious about A**	**Aについて好奇心が強い**、せんさく好きな
□ 508 **be particular about A**	**Aについて好みがうるさい**、えり好みする、気難しい、綿密[入念]である ➕「自分が欲しい物を選ぶ際に非常に慎重で、簡単には満足しない」というニュアンス
□ 509 **be bent on A**	**Aを決意[決心]している**(≒be intent on [upon] A)、Aを(しようと)決意[決心]している(doing)
□ 510 **be keen on A**	**Aに夢中になっている**、熱中している(≒be into A)
□ 511 **be abundant in A**	(場所などが)**Aに富んでいる**、豊かである、豊富である(≒abound in A) ➕「必要以上にある」というニュアンス
□ 512 **be dressed in A**	**A**(色・素材など)**の服を着ている**、A(服)で正装[盛装]している

Day 31 091 Quick Review
答えは右ページ下

□ Aを切望している	□ Aに向かって進んでいる	□ Aに特有である	□ Aの能力がない
□ Aに適している	□ Aで有名である	□ Aから成り立っている	□ Aをねたんでいる
□ Aを切望している	□ Aで悪名高い	□ Aを確信している	□ Aを象徴している
□ Aのことで感謝している	□ Aの略である	□ Aを知らない	□ Aについても当てはまる

Check 2 Phrases 095

Check 3 Sentences 096

Check 2 Phrases	Check 3 Sentences
□ be anxious about his safety (彼の安否を心配している)	□ Many people are anxious about their future. (多くの人々が自分の将来を心配している)
□ be concerned about the results of the test (試験の結果を気にしている)	□ She is concerned about her husband's health. (彼女は夫の健康を心配している)
□ be curious about other people's affairs (他人のことをせんさくしたがる)	□ Children are curious about everything. (子どもたちはいろいろなことについて好奇心が強い)
□ be particular about A's clothes (服の好みがうるさい) □ be particular about details (細かいことにうるさい)	□ She is particular about her food. (彼女は食べ物の好みがうるさい)
□ be bent on revenge against him (彼への復讐を決意している) □ be bent on becoming a doctor (医者になろうと決意している)	□ He is bent on finding a new job. (彼は新しい仕事を見つけようと決心している)
□ be keen on computer games (コンピューターゲームに夢中になっている)	□ She is keen on swimming. (彼女は水泳に熱中している)
□ be abundant in calcium ([食べ物などが] カルシウムが豊富である)	□ Africa is abundant in natural resources. (アフリカは天然資源に恵まれている)
□ a woman dressed in blue (青い服を着ている女性)	□ He was dressed in formal wear for a dinner party. (彼は晩餐会のためにフォーマルウエアで正装していた)

Day 31 091
Quick Review
答えは左ページ下

□ be anxious for A	□ be headed for A	□ be characteristic of A	□ be incapable of A
□ be appropriate for A	□ be noted for A	□ be composed of A	□ be jealous of A
□ be eager for A	□ be notorious for A	□ be convinced of A	□ be representative of A
□ be grateful for A	□ be short for A	□ be ignorant of A	□ be true of A

Chapter 3 Review

左ページの(1)〜(20)の熟語の同意熟語・類義熟語（または同意語・類義語）(≒)、反意熟語・反対熟語（または反意語・反対語）(⇔) を右ページのA〜Tから選び、カッコの中に答えを書き込もう。意味が分からないときは、見出し番号を参照して復習しておこう（答えは右ページ下）。

- □ (1) determine to do (354) ≒は? (　　)
- □ (2) conform to A (362) ≒は? (　　)
- □ (3) count on A (370) ≒は? (　　)
- □ (4) compensate for A (379) ≒は? (　　)
- □ (5) interfere in A (388) ≒は? (　　)
- □ (6) sympathize with A (400) ≒は? (　　)
- □ (7) come of A (405) ≒は? (　　)
- □ (8) drive at A (410) ≒は? (　　)
- □ (9) persuade A to do (422) ≒は? (　　)
- □ (10) attribute A to B (427) ≒は? (　　)
- □ (11) trade A for B (440) ≒は? (　　)
- □ (12) convict A of B (441) ⇔は? (　　)
- □ (13) charge A with B (449) ≒は? (　　)
- □ (14) equip A with B (452) ≒は? (　　)
- □ (15) be reluctant to do (472) ≒は? (　　)
- □ (16) be indispensable to A (476) ≒は? (　　)
- □ (17) be grateful for A (484) ≒は? (　　)
- □ (18) be composed of A (490) ≒は? (　　)
- □ (19) be bored with A (497) ≒は? (　　)
- □ (20) be abundant in A (511) ≒は? (　　)

A. talk A into doing
B. be fed up with A
C. feel for A
D. be essential to A
E. acquit A of B
F. result from A
G. obey
H. be thankful for A
I. exchange A for B
J. make up for A
K. consist of A
L. ascribe A to B
M. decide to do
N. furnish A with B
O. mean
P. be unwilling to do
Q. meddle in A
R. abound in A
S. depend on A
T. accuse A of B

【解答】(1) M (2) G (3) S (4) J (5) Q (6) C (7) F (8) O (9) A (10) L
(11) I (12) E (13) T (14) N (15) P (16) D (17) H (18) K (19) B (20) R

CHAPTER 4

数語で1つの品詞の働きをする熟語

Chapter 4では、数語で1つの前置詞、副詞、接続詞といった品詞の働きをする熟語を見ていきます。熟語といっても、「1つの品詞」と考えれば怖くない！　「固まり」で覚えていきましょう！

驚くなかれ、オレ、東大の入試に合格したぜ！

(　　　)(　　　)(　　　)(　　　).
I passed the entrance exam for the University of Tokyo!

答えは Day 36でチェック!

Day 33 前置詞1

Check 1 Chants 097

□ 513
as opposed to A
➕opposed＝対立して
▸
Aとは対照的に、Aと対比するものとして（の）、Aと全く異なって
▸

□ 514
as regards A
➕regard＝関連
▸
Aに関しては、Aについて言うと（≒with [in] regard to A、with [in] respect to A） ➕通例、新しい話題の導入の際に用いる
▸

□ 515
at the height [peak] of A
➕height、peak＝絶頂、極致
▸
A（名声など）**の絶頂**［極み］**に**
▸

□ 516
at the risk of A
➕risk＝危険
▸
Aの危険を冒して、Aを犠牲にして
▸

□ 517
by the name of A
▸
Aという名の［で］；通称Aと呼ばれる ➕by nameは「名指しで；名前は」
▸

□ 518
compared to [with] A
➕compare＝～を比較する
▸
Aと比較すると、比べて（≒in comparison to [with] A）
▸

□ 519
for want of A
➕want＝不足；欠乏
▸
Aが足りないため、不十分なため；Aがないため（≒for lack of A）
▸

□ 520
in anticipation of A
➕anticipation＝予想；期待
▸
Aを見越して、当てにして
▸

continued ▼

今日と明日の2日間では、数語で1つの前置詞の働きをする熟語をチェック。熟語中の単語の意味を押さえてから、「固まり」で覚えよう。

□ 聞くだけモード　Check 1
□ しっかりモード　Check 1 ▸ 2
□ かんぺきモード　Check 1 ▸ 2 ▸ 3

Check 2　Phrases 🎧 098	Check 3　Sentences 🎧 099
□ peace as opposed to war（戦争と対比するものとしての平和）	□ It is a beautiful sunny day today, as opposed to yesterday's cold and rain.（昨日の寒さと雨とは対照的に、今日は素晴らしい晴天だ）
□ as regards the expense（費用に関しては） □ as regards the first point（最初の点について言うと）	□ As regards this, I'll talk to you later.（このことに関しては、後ほどあなたに相談します）
□ be at the height of A's fame（名声の絶頂にある）	□ The British Empire was at the height of its power in the late 19th century.（大英帝国は19世紀末期に権力の極みにあった）
□ at the risk of A's health（健康を犠牲にして）	□ He saved her life at the risk of his own (life).（彼は自分の命の危険を冒して彼女の命を救った）
□ a woman by the name of Nancy（ナンシーという名前の女性） □ go by the name of A（Aという名前で通っている）	□ Last night, I got a call from a man by the name of David.（昨晩、デービッドという名前の男性から電話があった）
□ compared to New York（ニューヨークと比較すると）	□ Sales have almost doubled compared to last year.（売上高は昨年と比較するとほぼ2倍になった）
□ for want of money（お金が足りないため） □ for want of a better word（ほかにいい言い方がないので）	□ Many trees are dying for want of water.（多くの木が水不足のため枯れつつある）
□ in anticipation of tax increases（増税を見越して）	□ Stock prices have rallied in anticipation of an economic recovery.（株価は景気回復を見越して反発した）

continued ▼

Check 1 Chants 097

□ 521
in between A

❶**A**（2つのもの）**の間に**、中間に ➕時間的にも空間的にも用いる
❷（in betweenで副詞的に）中間に、間に、合間に

□ 522
in excess of A
➕excess＝超過

Aよりも多く［多い］、Aを上回って、Aを超過して（≒more than A）

□ 523
in exchange for A
➕exchange＝交換

Aと交換に、Aの代わりに

□ 524
in light of A
➕light＝考え方、観点

Aを考慮して、Aにかんがみて；Aの観点から

□ 525
in line with A

Aと一致［調和］**して**

□ 526
in memory of A
➕memory＝記憶

Aを追悼して、A（故人）を記念して、Aをしのんで

□ 527
in recognition of A
➕recognition＝評価、認識

Aを評価して、認めて

□ 528
in support of A
➕support＝支持

Aを支持［擁護、賛成］**して**

Day 32 094
Quick Review
答えは右ページ下

□Aにうんざりしている	□Aを装備している	□Aのことを心配している	□Aを決意している
□Aに関係している	□Aに飽き飽きしている	□Aのことを心配している	□Aに夢中になっている
□Aに直面している	□Aで忙しい	□Aについて好奇心が強い	□Aに富んでいる
□Aと一致している	□Aを終える	□Aについて好みがうるさい	□Aの服を着ている

Check 2 Phrases 098

Check 3 Sentences 099

Check 2	Check 3
□ in between the two houses (2つの家の間に) □ in between the two world wars (2つの世界大戦の間に)	□ There is a parking area in between two buildings. (2つのビルの間に駐車場がある)
□ a speed in excess of 100 kilometers per hour (時速100キロメートルを超えるスピード)	□ His annual income is in excess of $50,000. (彼の年間収入は5万ドルよりも多い)
□ give A B in exchange for C (A［人］にCと交換にBを与える)	□ I gave him $5 in exchange for the CD. (私は彼にそのCDと交換に5ドルを渡した)
□ in light of the circumstances (事情を考慮して)	□ In light of the weather, we chose to change our schedule. (天気を考慮して、私たちは予定を変更することに決めた)
□ results in line with expectations (期待に合った結果)	□ I'm looking for a job in line with my skills and experience. (私は私の技能と経験に合った仕事を探している)
□ in memory of the deceased (故人をしのんで)	□ They held a minute's silence in memory of the fallen soldiers. (彼らは戦死した兵士たちを追悼して1分間の黙とうをささげた)
□ in recognition of his outstanding achievements (彼の優れた業績を評価して)	□ She was presented the award in recognition of her 10 years of service. (勤続10年を評価して、彼女に賞品が贈られた)
□ in support of her opinion (彼女の意見を支持して)	□ Few seemed to be in support of his proposal. (彼の提案を支持している人はほとんどいないようだった)

Day 32 094
Quick Review
答えは左ページ下

□ be bored with A	□ be equipped with A	□ be anxious about A	□ be bent on A
□ be concerned with A	□ be fed up with A	□ be concerned about A	□ be keen on A
□ be confronted with A	□ be occupied with A	□ be curious about A	□ be abundant in A
□ be consistent with A	□ be through with A	□ be particular about A	□ be dressed in A

Day 34 前置詞2

Check 1 Chants 🎧 100

□ 529 **in the direction of A** ➕direction＝方向	**Aの方へ**（向かって）（≒toward）
□ 530 **in the hands of A** ＝in A's hands	**Aの手中に**、Aの管理下に
□ 531 **in the midst of A** ➕midst＝真ん中	**Aの中に**、Aの間に、Aの最中に（≒in the middle of A） ➕時間的にも空間的にも用いられる
□ 532 **in the name of A**	❶**Aに名を借りて**、Aの美名の下に ❷Aに代わって、Aの代表者として ❸Aの名義で
□ 533 **in the region [neighborhood] of A** ➕region＝地域、neighborhood＝近所	**およそA**、約A、ほぼA（≒about、approximately） 元Aの地域［近所］に
□ 534 **in the wake of A** ➕wake＝船の通った跡、航跡	**Aに引き続いて**、Aのすぐ後に続いて、Aの結果として（≒as a result of A）
□ 535 **in view of A** ➕view＝考慮；視界	❶**Aを考慮して**、Aから考えて；Aのために ➕「決断をしたり、行動を起こしたりする理由として」というニュアンス ❷A（人）から見える所に
□ 536 **on good terms with A** ➕term＝関係、間柄	**Aと仲のよい間柄で**（⇔on bad terms with A）

continued ▼

熟語が長くなって、かなり難しく感じてきたのでは？「聞く・読む」に「音読」も加えて、熟語に触れる回数を増やしていこう。

□ 聞くだけモード　Check 1
□ しっかりモード　Check 1 ▸ 2
□ かんぺきモード　Check 1 ▸ 2 ▸ 3

Check 2　Phrases 🎧 101		Check 3　Sentences 🎧 102
□ move in the direction of democracy（民主化へ向かって進む）	▸	□ The typhoon is moving in the direction of Taiwan.（台風は台湾へ向かって進んでいる）
□ put A in the hands of B（AをBに委ねる）	▸	□ The region is in the hands of anti-government guerrillas.（その地域は反政府ゲリラの手中にある）
□ in the midst of the performance（公演の最中に）	▸	□ During the concert, I was standing in the midst of the crowd.（コンサートの間、私は群衆の中に立っていた）
□ swear in the name of God（神の名の下に誓う） □ a bank account in the name of A（Aの名義の銀行口座）	▸	□ We must stop killing in the name of justice.（私たちは正義の美名の下に行われる殺りくを止めなくてはならない）
□ an investment in the region of $2 million（およそ200万ドルの投資）	▸	□ The cost of the project was in the region of $80 million.（そのプロジェクトの経費は約8000万ドルだった）
□ in the wake of the accident（その事故のすぐ後に、その事件の結果として）	▸	□ People panicked in the wake of the traffic accident.（その交通事故の結果、人々はパニックに陥った）
□ in view of the fact that ～（～という事実［こと］を考慮して）	▸	□ In view of the company's situation, there will be no bonus this winter.（会社の状況を考えると、今年の冬はボーナスは出ないだろう）
□ be on good terms with A's neighbors（隣人たちと仲がよい）	▸	□ She is on good terms with her classmates.（彼女はクラスメートたちと仲よくしている）

continued ▼

Check 1 Chants 100

□ 537
on the basis of A
➕basis＝基礎；基準

Aに基づいて、Aを基準［基礎］として ➕「ある特定の事実や状況に基づいて」というニュアンス

□ 538
on the subject of A
➕subject＝話題

Aに関して［ついて］、Aというテーマ［話題］で

□ 539
on the verge of A
➕verge＝（場所などの）縁、端

Aの寸前で、Aの間際に；今にもA（～）しようとして（doing）（≒on the point of A）

□ 540
to the best of A

A（知識・能力など）**の限り**（では） ➕通例、文頭で用いる

□ 541
with [in] reference to A
➕reference＝関係

Aに関して（≒with [in] regard to A、with [in] respect to A、as to A、about、concerning）

□ 542
with a view to A
➕view＝目的、意図

Aの目的［意図］**で**；Aを期待して、見込んで ➕Aには動名詞が来ることが多い

□ 543
with the exception of A
➕exception＝例外、除外

Aを除いて、Aのほかは（≒except）

□ 544
with the help of A
➕help＝助け

Aの助けを借りて、Aを使って

Day 33 097 Quick Review
答えは右ページ下

□Aとは対照的に	□Aという名の	□Aの間に	□Aと一致して
□Aに関しては	□Aと比較すると	□Aよりも多く	□Aを追悼して
□Aの絶頂に	□Aが足りないため	□Aと交換に	□Aを評価して
□Aの危険を冒して	□Aを見越して	□Aを考慮して	□Aを支持して

Check 2 Phrases 🎧 101		Check 3 Sentences 🎧 102
□ on the basis of the evidence（証拠に基づいて）	▸	□ Discrimination on the basis of race is strictly prohibited.（人種に基づいた差別は厳しく禁止されている）
□ a book on the subject of A（Aを題材にした本）	▸	□ They had a debate on the subject of economic globalism.（彼らは経済のグローバリズムに関して討論した）
□ be on the verge of extinction（絶滅寸前である） □ be on the verge of crying（今にも泣きだしそうである）	▸	□ The company is on the verge of bankruptcy.（その会社は倒産寸前である）
□ to the best of my knowledge（私の知る限りでは）	▸	□ To the best of my recollection, he was not at the meeting.（私が記憶する限りでは、彼はその会議に出席していなかった）
□ documents with reference to A（Aに関する書類）	▸	□ I am writing with reference to your email of January 20.（1月20日のメールに関してご返信いたします ➕ビジネスなどで使われる言い回し）
□ with a view to becoming a doctor（医者になる目的で）	▸	□ We went to a real estate agent with a view to buying a house.（私たちは家を買う目的で不動産業者に行った）
□ with the exception of the fact that ~（～という事実［こと］を除いては）	▸	□ Her essay was well-written with the exception of a few spelling errors.（いくつかのスペルミスを除けば、彼女のエッセーはよく書かれていた）
□ with the help of a computer（コンピューターを使って）	▸	□ She opened the door with the help of her brother.（彼女は兄の助けを借りてそのドアを開けた）

Day 33 🎧 097
Quick Review
答えは左ページ下

□ as opposed to A	□ by the name of A	□ in between A	□ in line with A
□ as regards A	□ compared to A	□ in excess of A	□ in memory of A
□ at the height of A	□ for want of A	□ in exchange for A	□ in recognition of A
□ at the risk of A	□ in anticipation of A	□ in light of A	□ in support of A

Day 35 副詞
時

Check 1 Chants 🎧 103

□ 545
after hours
➕hours＝勤務［営業］時間

勤務時間後に、閉店後に、放課後に

□ 546
ahead of schedule [time]

予定［定刻］**より早く**（⇔behind schedule、behind time） ➕on scheduleは「予定通りに」、ahead of A's timeは「時代に先んじて」

□ 547
all along
＝right along

最初から、ずっと ➕know、feel、senseなどとともに用いることが多い。right alongのほうが口語的

□ 548
all day long

一日中 ➕longを省略することもある

□ 549
all over again

もう一度、繰り返して ➕「最初から繰り返して」というニュアンス。allを省略することもある

□ 550
any minute [moment] (now)

今すぐにも、間もなく

□ 551
around the clock

丸一日中、四六時中、昼も夜も ➕「休む［止まる］ことなく一日中」というニュアンス

□ 552
as (of) yet

（通例、否定文・疑問文で）**今までのところは**、まだ（≒so far） ➕「先のことは分からないが、今までのところは」というニュアンス

continued ▼

今日からDay 37までの3日間では、数語で1つの副詞の働きをする熟語をチェック。まずは「時」を表す副詞を見ていこう。

□ 聞くだけモード　Check 1
□ しっかりモード　Check 1 ▸ 2
□ かんぺきモード　Check 1 ▸ 2 ▸ 3

Check 2　Phrases 🎧 104		Check 3　Sentences 🎧 105
□ go for a drink after hours（勤務時間後に飲みに行く）	▸	□ He has to work after hours today.（彼は今日、残業しなくてはならない）
□ a week ahead of schedule（予定より1週間早く）	▸	□ We completed the project four months ahead of schedule.（私たちは予定より4カ月早くそのプロジェクトを完了した）
□ know all along that ～（最初から～だと知っている）	▸	□ I felt all along that he liked me.（私は彼が私のことを好きだと最初から感じていた）
□ study all day long（一日中勉強する）	▸	□ He eats all day long.（彼は一日中何かを食べている）
□ start all over again（もう一度最初から始める）	▸	□ She read the instructions all over again.（彼女は取扱説明書をもう一度読んだ）
□ seem about to happen any minute（今すぐにも起きそうである）	▸	□ He will show up any minute.（彼は間もなく現れるだろう）
□ stay up around the clock（丸一日寝ずに起きている）	▸	□ This coffee shop is open around the clock.（この喫茶店は24時間営業している）
【Pop Quiz!】 as regards Aと同じ意味の熟語は？ ▸ 答えは見出し番号514でチェック！	▸	□ The election results haven't been announced as yet.（選挙結果はまだ公表されていない）

continued ▼

Check 1　Chants 103

□ 553
behind schedule [time]

予定より遅れて（⇔ahead of schedule、ahead of time）　➕on scheduleは「予定通りに」、behind the timesは「時代［時勢、流行］に遅れて」

□ 554
day in, day out

来る日も来る日も、毎日毎日、明けても暮れても（≒day after day）　➕「長い間、毎日」というニュアンス

□ 555
more often than not
＝as often as not

大抵、しばしば、通常（≒usually）　➕文頭・文中で挿入的に用いられることが多い

□ 556
once and for all

これを最後に、この1回限りで、最終的に、きっぱりと

□ 557
one of these days

近日中に、近いうちに

□ 558
time and (time) again
＝time after time

何度も何度も、しばしば、幾度も（≒again and again、over and over）　➕「長い間、いらいらするくらい繰り返して」というニュアンス

□ 559
without delay
➕delay＝遅延

すぐに、さっさと（≒immediately）、（一刻の）猶予もなく；遅延なしに

□ 560
yet again

またしても、さらにもう一度　➕「過去に何回も同じことがあったにもかかわらず再び」というニュアンス

Day 34 100
Quick Review
答えは右ページ下

□Aの方へ	□およそA	□Aに基づいて	□Aに関して
□Aの手中に	□Aに引き続いて	□Aに関して	□Aの目的で
□Aの中に	□Aを考慮して	□Aの寸前で	□Aを除いて
□Aに名を借りて	□Aと仲のよい間柄で	□Aの限り	□Aの助けを借りて

Check 2 Phrases 🎧 104

□ two weeks behind schedule（予定より2週間遅れて）

□ do the same job day in, day out（来る日も来る日も同じ仕事をする）

【Pop Quiz!】
compared to [with] Aと同じ意味の熟語は？
▶答えは見出し番号518でチェック！

□ settle the problem once and for all（これを最後にその問題に決着をつける）

□ visit him one of these days（近いうちに彼を訪ねる）

□ say time and again that ~（何度も何度も～と言う）

□ start without delay（すぐに始める［始まる］）

□ make the same mistake yet again（またしても同じ失敗をする）

Check 3 Sentences 🎧 105

□ The flight landed three hours behind schedule.（その飛行機は定刻より3時間遅れて着陸した）

□ He is getting sick of doing the same thing day in, day out.（彼は毎日毎日同じことをするのが嫌になってきている）

□ More often than not, he is late for the first period.（大抵、彼は1時間目の授業に遅刻する）

□ I have decided to give up smoking once and for all.（私はこの1回限りでたばこをやめる決心をした）

□ One of these days is none of these days.（近日中にという日はない ➕ことわざ＝思い立ったが吉日）

□ His mother has told him time and again to do what is right.（彼の母親は彼に正しいことをするようにと何度となく言っている）

□ The order arrived without delay yesterday.（注文品は遅れることなく昨日届いた）

□ The shuttle launch was delayed yet again.（スペースシャトルの打ち上げはまたしても延期された）

Day 34 🎧 100
Quick Review
答えは左ページ下

□ in the direction of A
□ in the hands of A
□ in the midst of A
□ in the name of A
□ in the region of A
□ in the wake of A
□ in view of A
□ on good terms with A
□ on the basis of A
□ on the subject of A
□ on the verge of A
□ to the best of A
□ with reference to A
□ with a view to A
□ with the exception of A
□ with the help of A

Day 36 副詞 その他1

Check 1 Chants 106

□ 561 **all [just] the same**	(通例、文頭・文尾に置いて) **にもかかわらず**、それでも、やはり (≒nevertheless)
□ 562 **all in all**	**全体として**、概して、大体のところ (≒all things considered、on balance) ➕「すべての状況や事柄を考慮すると」というニュアンス
□ 563 **all the way**	❶(途中) **ずっと**、はるばる ❷完全に、全面的に ❸(Aから/Bまで) さまざまに、どこでも (from A / to B)
□ 564 **all things considered** ➕consider=～を熟考する	**すべてを考えてみると**、全体的に見て (≒all in all、on balance)
□ 565 **and yet**	**それなのに**、それにもかかわらず、そのくせ
□ 566 **arm in arm**	(Aと) **腕を組み合って** (with A)
□ 567 **as is often the case** =as is usual ➕case=実情	(Aには) **よくあることだが** (with A)
□ 568 **as it is**	❶(文頭・文尾で) (ところが) **実は**、実情は ➕as it wereは「いわば、言ってみれば」 ❷(文尾で) もう既に

continued ▼

今日と明日は、「時」以外のさまざまな意味を表す副詞の熟語をチェック。まずはチャンツからスタートしよう！

□ 聞くだけモード　Check 1
□ しっかりモード　Check 1 ▸ 2
□ かんぺきモード　Check 1 ▸ 2 ▸ 3

Check 2　Phrases 🎧 107

【Pop Quiz!】
in excess of Aと同じ意味の熟語は？
▸答えは見出し番号522でチェック！

【Pop Quiz!】
in the direction of Aを1語で言い換えると？
▸答えは見出し番号529でチェック！

□ walk all the way to A（Aまでずっと歩く）
□ agree all the way（全面的に賛成する）

【Pop Quiz!】
in the midst of Aと同じ意味の熟語は？
▸答えは見出し番号531でチェック！

【Pop Quiz!】
in the region [neighborhood] of Aを1語で言い換えると？
▸答えは見出し番号533でチェック！

□ walk arm in arm with her（彼女と腕を組み合って歩く）

□ as is often the case with young people（若者にはよくあることだが）

【Pop Quiz!】
in the wake of Aと同じ意味の熟語は？
▸答えは見出し番号534でチェック！

Check 3　Sentences 🎧 108

□ Her job is demanding; all the same she likes it.（彼女の仕事はきついが、それでも彼女は気に入っている）

□ All in all, it was a good movie.（全体として、それはいい映画だった）

□ She came all the way from Chicago to Osaka.（彼女はシカゴから大阪まではるばるやって来た）

□ The show was pretty good, all things considered.（そのショーは全体的に見てとてもよかった）

□ She was afraid of him, and yet she loved him.（彼女は彼のことを恐れていたが、それなのに彼のことを愛していた）

□ The bride and groom entered the church arm in arm.（新婦と新郎は腕を組み合って教会に入った）

□ As is often the case, he was late for school today.（よくあることだが、彼は今日学校に遅刻した）

□ I wish I could buy a motorcycle, but as it is I don't have that much money.（私はオートバイを買いたいが、実はそんなにたくさんお金を持っていない）

continued ▼

Check 1 Chants 106

□ 569
as the saying goes
➕saying＝ことわざ

ことわざにもある通り

□ 570
believe it or not

驚くなかれ、こんなことを言っても信じないだろうが
➕相手の知らない事実を言う際の表現

□ 571
by and large

概して、一般的に、全般的に見て（≒on the whole、generally）

□ 572
either way

どちらにしても、どっちみち ➕「2つの選択肢のどちらを選んでも、結果は同じだろう」というニュアンス

□ 573
first things first

重要なことから先に（取り上げよう［決めておこう］）

□ 574
hand in hand

手をつないで、手を取り合って；（Aと）密接に協力［提携］して、密接な関係を持って（with A）

□ 575
if any

❶**たとえ**［もし］**あったとしても** ➕文中・文尾で挿入句として用いる
❷もしあれば

□ 576
if necessary
＝if need be
➕need＝必要性

必要ならば、必要な時［場合］には

Day 35 103
Quick Review
答えは右ページ下

□ 勤務時間後に
□ 予定より早く
□ 最初から
□ 一日中
□ もう一度
□ 今すぐにも
□ 丸一日中
□ 今までのところは
□ 予定より遅れて
□ 来る日も来る日も
□ 大抵
□ これを最後に
□ 近日中に
□ 何度も何度も
□ すぐに
□ またしても

Check 2 Phrases 107

Check 3 Sentences 108

【Pop Quiz!】
on good terms with Aと反対の意味の熟語は？
▸答えは見出し番号536でチェック！

☐ As the saying goes, time is money.（ことわざにもある通り、時は金なりだ）

【Pop Quiz!】
with [in] reference to Aと同じ意味の熟語は？
▸答えは見出し番号541でチェック！

☐ Believe it or not, I have won $10 million in the lottery!（驚くなかれ、1000万ドルの宝くじが当たったんだ！）

【Pop Quiz!】
with the exception of Aを1語で言い換えると？
▸答えは見出し番号543でチェック！

☐ By and large, women live longer than men.（一般に、女性は男性よりも長命である）

【Pop Quiz!】
ahead of schedule [time]と反対の意味の熟語は？
▸答えは見出し番号546でチェック！

☐ Either way, the result will be the same.（どちらにしても、結果は同じだろう）

【Pop Quiz!】
as (of) yetと同じ意味の熟語は？
▸答えは見出し番号552でチェック！

☐ Let's do first things first.（重要なことから先にしましょう）

☐ walk hand in hand（手をつないで歩く）
☐ work hand in hand with him（彼と協力しながら働く）

☐ A young couple are strolling hand in hand along the beach.（若い恋人同士が手をつないで海辺を散歩している）

☐ correct errors, if any（間違いがあれば直す）

☐ There is little, if any, difference between the two.（たとえあったとしても、両者の間に違いはほとんどない）

【Pop Quiz!】
behind schedule [time]は「予定より遅れて」。では「予定通りに」は？
▸答えは見出し番号553でチェック！

☐ Add salt and pepper, if necessary.（必要ならば、塩とコショウを加えること ➕料理のレシピでよく使われる表現）

Day 35 103
Quick Review
答えは左ページ下

☐ after hours
☐ ahead of schedule
☐ all along
☐ all day long
☐ all over again
☐ any minute
☐ around the clock
☐ as yet
☐ behind schedule
☐ day in, day out
☐ more often than not
☐ once and for all
☐ one of these days
☐ time and again
☐ without delay
☐ yet again

Day 37 副詞 その他2

Check 1 Chants 109

□ 577 **if not**	❶**もしそうでないなら**（⇔if so） ➕文頭・文中・文尾で挿入句として用いる ❷（if not Aで）Aでないにしても、Aとまではいかなくても
□ 578 **if so**	**もしそうならば**、そうだとしたら（⇔if not） ➕文頭・文中・文尾で挿入句として用いる
□ 579 **inside out**	❶**裏返しに**、ひっくり返して ➕upside downは「逆さまに」 ❷完全に、何もかも、徹底的に（≒thoroughly） ➕この意味ではinside and outとも言う
□ 580 **more or less**	❶**大体**（≒almost） ❷およそ、ほぼ、約（≒approximately） ❸多かれ少なかれ
□ 581 **none the less**	**それにもかかわらず**、それでもやはり（≒nevertheless） ➕nonethelessのように1語でつづられることも多い
□ 582 **ten to one**	**十中八九**、きっと ➕「かなりの確率でそうなる［する］」というニュアンス。「賭け率が相手の10倍で」という原意から派生した表現
□ 583 **to and fro**	**行ったり来たり**、前後に；あちこちへ（≒up and down）
□ 584 **to be exact** ➕exact＝正確な；厳密な	**正確［厳密］に言うと**、正確には（≒strictly speaking）

continued ▼

類義熟語や対義熟語もしっかり押さえてる？時間に余裕があるときは目を通しておこう。そうすれば、熟語の数が飛躍的に増えるはず！

□聞くだけモード　Check 1
□しっかりモード　Check 1 ▸ 2
□かんぺきモード　Check 1 ▸ 2 ▸ 3

Check 2 Phrases 🎧 110		Check 3 Sentences 🎧 111
□can speak English, if not fluently（流ちょうとまではいかないが英語を話すことができる）	▸	□I'll be in my office, but if not, I'll let you know.（私はオフィスにいると思いますが、もしそうでない場合はお知らせします）
【Pop Quiz!】 day in, day out と同じ意味の熟語は？ ▸答えは見出し番号554でチェック！	▸	□It will rain tomorrow. If so, we won't be able to go on a picnic.（明日は雨らしい。もしそうなら、私たちはピクニックに行けないだろう）
□wear socks inside out（靴下を裏返しに履く） □know this town inside out（この街のことを何もかも知っている）	▸	□He had his shirt on inside out.（彼はシャツを裏返しに着ていた）
□know more or less about A（Aについて大体知っている）	▸	□She said more or less the same thing as he did.（彼女は彼と大体同じことを言った）
【Pop Quiz!】 more often than not を1語で言い換えると？ ▸答えは見出し番号555でチェック！	▸	□He has faults, but we like him none the less.（彼には欠点があるが、それでもやはり私たちは彼が好きだ）
□The chances are ten to one that ～.（十中八九～だろう）	▸	□Ten to one the horse will win the race.（十中八九、その馬がレースに勝つだろう）
□swing to and fro（前後に揺れる） □move to and fro（あちこち動き回る）	▸	□Children were running to and fro in the schoolyard.（子どもたちが校庭であちこち走り回っていた）
【Pop Quiz!】 time and (time) again と同じ意味の熟語は？ ▸答えは見出し番号558でチェック！	▸	□The French Revolution happened more than 230 years ago, in 1789 to be exact.（フランス革命は230年以上前、正確に言うと1789年に起きた）

continued
▼

Check 1 Chants 109

☐ 585
to be frank (with you)
➕frank＝率直な

率直に言うと ➕「聞き手は嫌がるだろうが、本当のところを言わせてもらえば」というニュアンス

☐ 586
to be honest
➕honest＝正直な

正直に言うと、正直なところ ➕「本当に思っていることを言わせてもらえば」というニュアンス

☐ 587
to be sure
➕sure＝確かな

確かに、なるほど ➕通例、A, to be sure, but B（確かにAだがB）の形で用いる

☐ 588
to make matters worse
➕matter＝事態

さらに悪いことに（は）、その上悪いことに（は）

☐ 589
(from) **top to bottom**

徹底的に、完全に（≒thoroughly）；一番上から一番下まで

☐ 590
vice versa

（通例、and vice versaで）**逆もまた同様**、逆の場合も同じ ➕略語はv.v.

☐ 591
weather permitting
➕permit＝許す

天気がよければ ➕文頭・文中・文尾で挿入的に用いる。一種の独立分詞構文で、if the weather permitsに言い換え可能

☐ 592
what is more

その上、おまけに、さらに重要なことだが（≒in addition、to boot、moreover、besides）➕文頭・文中で挿入的に用いる

Day 36 106
Quick Review
答えは右ページ下

☐ にもかかわらず
☐ 全体として
☐ ずっと
☐ すべてを考えてみると
☐ それなのに
☐ 腕を組み合って
☐ よくあることだが
☐ 実は
☐ ことわざにもある通り
☐ 驚くなかれ
☐ 概して
☐ どちらにしても
☐ 重要なことから先に
☐ 手をつないで
☐ たとえあったとしても
☐ 必要ならば

Check 2 Phrases 110

Check 3 Sentences 111

【Pop Quiz!】
without delayを1語で言い換えると？
▶答えは見出し番号559でチェック！

☐ To be frank, I disagree with you.（率直に言うと、私はあなたの意見に反対である）

【Pop Quiz!】
all [just] the sameを1語で言い換えると？
▶答えは見出し番号561でチェック！

☐ To be honest, I don't like my boss.（正直に言うと、私は私の上司のことが好きではない）

【Pop Quiz!】
all in allと同じ意味の熟語は？
▶答えは見出し番号562でチェック！

☐ This is a difficult problem, to be sure, but I think there is a solution.（これは確かに難しい問題だが、解決策はあると思う）

【Pop Quiz!】
all things consideredと同じ意味の熟語は？
▶答えは見出し番号564でチェック！

☐ He is in debt, and to make matters worse, he's lost his job.（彼は借金があり、さらに悪いことには失業してしまった）

☐ check A top to bottom（Aを徹底的に調べる）

☐ Police searched the suspect's house top to bottom.（警察は容疑者の家を徹底的に捜索した）

【Pop Quiz!】
as it isは「(ところが) 実は、実情は」。ではas it wereの意味は？
▶答えは見出し番号568でチェック！

☐ She hates him and vice versa.（彼女は彼が嫌いで、彼もまた同様に彼女が嫌いだ）

【Pop Quiz!】
by and largeと同じ意味の熟語は？
▶答えは見出し番号571でチェック！

☐ Weather permitting, we're going to the beach tomorrow.（天気がよければ、私たちは明日海へ行くつもりだ）

【Pop Quiz!】
by and largeを1語で言い換えると？
▶答えは見出し番号571でチェック！

☐ He is kind, and what is more, he is thoughtful.（彼は優しくて、その上思いやりがある）

Day 36 106
Quick Review
答えは左ページ下

☐ all the same
☐ all in all
☐ all the way
☐ all things considered
☐ and yet
☐ arm in arm
☐ as is often the case
☐ as it is
☐ as the saying goes
☐ believe it or not
☐ by and large
☐ either way
☐ first things first
☐ hand in hand
☐ if any
☐ if necessary

Day 38 接続詞

Check 1 Chants 112

□ 593
considering that 〜
➕consider＝〜を熟考する

〜であることを考えれば、〜を思えば（≒seeing that [as] 〜） ➕thatは省略されることも多い

□ 594
except that 〜

〜ということを除いて、〜という点を除けば、ただし〜 ➕thatは省略されることも多い

□ 595
for fear (that) 〜
➕fear＝恐怖；懸念

〜することを恐れて、〜しないように、〜するといけないと思って（≒lest） ➕for fear (that)に続く節の中ではshould、would、mightが入るのが普通

□ 596
hardly [scarcely] 〜 when [before] . . .

〜するや否や…、〜するとすぐに…（≒no sooner 〜 than . . .） ➕通例、主節は過去完了形になる。hardly [scarcely]が文頭に来ると、主節は倒置が起こる

□ 597
if only 〜

（ただ）**〜でありさえすれば**（よいが）、せめて〜ならよいのだが ➕仮定・願望を強調する表現で、しばしば条件節（if節）だけで、主節が省略される

□ 598
in order that 〜

〜する目的で［ために］、〜しようとして ➕so that 〜よりフォーマルな表現。in order thatに続く節には、主節が現在形の場合はcan、will、may、過去形の場合はcould、would、mightが入る

□ 599
in that 〜

❶**〜という点で**
❷〜だから、〜のために ➕becauseよりフォーマルな表現

□ 600
insofar as 〜

〜する限り［範囲］では、〜する限り［範囲］においては（≒as [so] far as 〜） ➕in so far as 〜とつづることもある

continued ▼

Chapter 4の最後は、数語で1つの接続詞の働きをする熟語をチェック。前置詞・副詞と同様、ここでも「固まり」で覚えるようにしよう。

□ 聞くだけモード　Check 1
□ しっかりモード　Check 1 ▸ 2
□ かんぺきモード　Check 1 ▸ 2 ▸ 3

Check 2　Phrases 🎧 113	Check 3　Sentences 🎧 114
□ considering that the exam is the day after tomorrow (試験があさってであることを考えれば)	□ He is doing very well considering that he is 22. (22歳であることを考えれば、彼はとてもよくやっている)
□ except that there is a slight difference (わずかな違いがあることを除けば)	□ I know little about the man except that I met him once. (1度会ったことがあることを除けば、私はその男性についてほとんど知らない)
□ for fear I should catch a cold (風邪をひくことを恐れて)	□ She studied hard for fear she would fail. (落第しないように彼女は一生懸命勉強した)
【Pop Quiz!】 if notと反対の意味の熟語は？ ▸答えは見出し番号577でチェック！	□ I had hardly gotten home when the phone rang. (私が家に着くとすぐに電話が鳴った)
□ If only I knew (知ってさえいれば)	□ If only I could be 20 again. (もう一度20歳になれたらいいのに)
□ in order that we may live (生きるために)	□ In order that you may pass the exam, you should read through all your textbooks. (試験に合格するためには、すべての教科書を最後まで読んだほうがいい)
□ in that the weather is beautiful (天気が素晴らしいので)	□ They agreed in that they should take measures to protect children. (子どもたちを守るための対策を取るべきだという点で、彼らは意見が一致した)
□ insofar as I know (私が知る限りでは)	□ He promised to assist me insofar as he was able. (彼は可能な限り私を援助すると約束した)

continued ▼

Check 1 Chants 112

□ 601 **no matter ～**	**たとえ～でも** ➕～には、how、what、when、where、which、who、why を含む節が入り、譲歩を表す
□ 602 **no sooner ～ than . . .**	**～するや否や…**、～するとすぐに…（≒hardly [scarcely] ～ when [before] . . .） ➕通例、主節は過去完了形になる。no soonerが文頭に来ると、主節は倒置が起こる
□ 603 **on** (the) **condition that ～** ➕condition＝条件	**～という条件で**、もし～ならば（≒if、provided [providing] that ～） ➕on (the) condition thatに続く節の時制は仮定法現在になることもある
□ 604 **on the grounds** [ground] **that ～** ➕ground＝根拠、理由	**～という理由で**
□ 605 **provided** [providing] **that ～**	**もし～ならば**、～という条件で（≒if、on condition that ～） ➕ifより強いニュアンス。thatが省略されることも多い
□ 606 **seeing that** [as] **～**	**～を考えると**、～なので（≒considering that ～）
□ 607 **the minute** [moment, instant] (that) **～** ➕minute、instant＝瞬間	**～するとすぐ**、～するや否や（≒as soon as ～）、～する瞬間に
□ 608 **the way ～**	**～のように**；～から判断すれば；～によれば

Day 37 109 Quick Review
答えは右ページ下

□ もしそうでないなら	□ それにもかかわらず	□ 率直に言うと	□ 徹底的に
□ もしそうならば	□ 十中八九	□ 正直に言うと	□ 逆もまた同様
□ 裏返しに	□ 行ったり来たり	□ 確かに	□ 天気がよければ
□ 大体	□ 正確に言うと	□ さらに悪いことに	□ その上

Check 2 Phrases 113

□ no matter how cold it is outside（たとえどんなに外が寒くても）

【Pop Quiz!】
more or lessを1語で言い換えると？
▶答えは見出し番号580でチェック！

□ on condition that she (will) not be named（彼女の名前を出さないという条件で）

□ on the grounds that he is innocent（彼は無実であるという理由で）

□ provided that the weather is clear（天気がよければ）

□ seeing that the situation is getting worse（状況が悪化していることを考えると）

□ the minute I get home（家に着いたらすぐに）

□ the way you like（あなたの好きなように）
□ the way I see it（私の見方によれば）

Check 3 Sentences 114

□ No matter what happens to you, I will love you.（たとえあなたに何が起きても、私はあなたを愛しています）

□ No sooner had I hung up than the phone rang again.（私が電話を切るや否や、また電話が鳴った）

□ You can go to the party on condition that you come back by 10 p.m.（午後10時までに帰ってくるなら、あなたはそのパーティーに行ってもよい）

□ He was dismissed on the grounds that he had been negligent in his job.（彼は職務に怠慢だったことを理由に解雇された）

□ You will receive an order confirmation by email provided that your address is valid.（アドレスが有効であれば、メールで注文確認を受け取れます）

□ Seeing that it was late at night, barely anyone else was on the street.（夜も遅かったので、通りにはほかにはほとんど誰もいなかった）

□ It started raining the minute I went outside.（外に出るとすぐに雨が降り始めた）

□ If you do it the way I told you to, it will work.（私が言った通りにすれば、うまくいくだろう）

Day 37 109
Quick Review
答えは左ページ下

□ if not
□ if so
□ inside out
□ more or less
□ none the less
□ ten to one
□ to and fro
□ to be exact
□ to be frank
□ to be honest
□ to be sure
□ to make matters worse
□ top to bottom
□ vice versa
□ weather permitting
□ what is more

Chapter 4 Review

左ページの(1)～(20)の熟語の同意熟語・類義熟語（または同意語・類義語）(≒)、反意熟語・反対熟語（または反意語・反対語）(⇔) を右ページのA～Tから選び、カッコの中に答えを書き込もう。意味が分からないときは、見出し番号を参照して復習しておこう（答えは右ページ下）。

- □ (1) in the direction of A (529) ≒は? (　　)
- □ (2) in the region of A (533) ≒は? (　　)
- □ (3) in the wake of A (534) ≒は? (　　)
- □ (4) with reference to A (541) ≒は? (　　)
- □ (5) ahead of schedule (546) ⇔は? (　　)
- □ (6) day in, day out (554) ≒は? (　　)
- □ (7) more often than not (555) ≒は? (　　)
- □ (8) without delay (559) ≒は? (　　)
- □ (9) all the same (561) ≒は? (　　)
- □ (10) all in all (562) ≒は? (　　)
- □ (11) by and large (571) ≒は? (　　)
- □ (12) if not (577) ⇔は? (　　)
- □ (13) more or less (580) ≒は? (　　)
- □ (14) to be exact (584) ≒は? (　　)
- □ (15) top to bottom (589) ≒は? (　　)
- □ (16) what is more (592) ≒は? (　　)
- □ (17) considering that ～ (593) ≒は? (　　)
- □ (18) for fear ～ (595) ≒は? (　　)
- □ (19) hardly ～ when . . . (596) ≒は? (　　)
- □ (20) on condition that ～ (603) ≒は? (　　)

A. almost

B. toward

C. seeing that ～

D. day after day

E. lest

F. behind time

G. if so

H. as to A

I. strictly speaking

J. as a result of A

K. generally

L. if

M. immediately

N. moreover

O. all things considered

P. approximately

Q. thoroughly

R. nevertheless

S. no sooner ～ than . . .

T. usually

【解答】 (1) B (2) P (3) J (4) H (5) F (6) D (7) T (8) M (9) R (10) O (11) K (12) G (13) A (14) I (15) Q (16) N (17) C (18) E (19) S (20) L

CHAPTER 5

その他の熟語

『キクジュクSuper』も、いよいよ最後のChapterに入りました。ここでは、これまで取り上げなかった重要熟語を押さえていきましょう。残りはわずか4日。最後まで「焦らず、急がず」学習を進めていきましょう！

よくも母親にそんな口が利けるわね！二度とそんな言い方しないでちょうだい！

(　　　) (　　　) you talk to your mother like that! I never want you to talk to me like that again!

答えは Day 42でチェック!

Day 39 強調

Check 1 Chants 115

□ 609 **all the more** [better]	(Aだから) **いっそう**、なおさら、ますます (for A)
□ 610 **among other things** ＝among others	**とりわけ**、なかんずく、特に；数ある中で
□ 611 **and that** A	**しかもA**、それもA ➕前の語句をほかの語句で強めて言う際に用いる
□ 612 **cannot be too** A	**いくらAでもA過ぎることはない**
□ 613 **cannot but** do	**～せざるを得ない**、～しないではいられない、～するほかはない (≒cannot help doing、cannot help but do)
□ 614 **do nothing but** do 元～する以外は何もしない	**～してばかりいる**、ただ～するだけである ➕進行形になると、通例2番目のdoもdoingになる
□ 615 **let alone** A	(通例、否定文の後で) **Aは言うまでもなく**、Aはもちろん (≒to say nothing of A)
□ 616 **no better than** A	**Aも同然の**、Aにすぎない、Aと大して変わらない ➕「同じくらいに悪い［ひどい］」というニュアンス。not better than Aは「Aよりもよくない、Aに劣る」

continued ▼

いよいよ最後のChapter 5に突入！　ここでは、今までに取り上げられなかった重要熟語を押さえよう。まずは「強調」の熟語から！

□ 聞くだけモード　Check 1
□ しっかりモード　Check 1 ▸ 2
□ かんぺきモード　Check 1 ▸ 2 ▸ 3

Check 2　Phrases 🎧 116		Check 3　Sentences 🎧 117
□ become all the more important（いっそう重要になる）	▸	□ She loves him all the more for his honesty.（彼女は彼が正直なのでなおさら彼のことが好きだ）
□ like A among other things（とりわけAが好きだ）	▸	□ At the meeting, they discussed, among other things, the current economic situation in Japan.（会議で彼らは、特に現在の日本の経済状況について議論した）
□ speak French as well, and that fluently（フランス語も、それも流ちょうに話す）	▸	□ He even solved the difficult math problem, and that quickly.（彼はその難しい数学の問題さえも、それもすぐに解いた）
【Pop Quiz!】 for fear (that) ～を1語で言い換えると？ ▸答えは見出し番号595でチェック！	▸	□ You cannot be too cautious when walking alone at night.（夜に1人で歩くときは、いくら用心しても用心し過ぎることはない）
□ cannot but laugh（笑わずにはいられない）	▸	□ I could not but admit that he was right.（私は彼が正しいと認めざるを得なかった）
□ do nothing but complain（不平ばかり言う）	▸	□ He is doing nothing but causing trouble.（彼はもめ事を起こしてばかりいる）
【Pop Quiz!】 hardly [scarcely] ～ when [before] . . . と同じ意味の熟語は？ ▸答えは見出し番号596でチェック！	▸	□ I can't read Spanish, let alone speak it.（私はスペイン語を話すどころか読めもしない）
□ be no better than a thief（泥棒も同然である）	▸	□ The food was no better than average.（その料理は並程度にすぎなかった）

continued
▼

Check 1　Chants 115

□ 617
no doubt
⊕doubt＝疑い

❶**確かに**、きっと、疑いもなく（≒without [beyond] doubt）⊕自分の考えが正しいことを強調する際の表現
❷多分、恐らく

□ 618
no less A **than** B

❶**Bに劣らずAで**、Bと同じ（程度）にAで（≒as A as B）⊕no less than Aは「Aほども多くの」、no more A than Bは「B（がそうでない）と同様Aでない」
❷(no less a person [place] than Aで)（人・場所が）Aにほかならない、本物のA、まさしくA

□ 619
no more A **than** B

❶**B**（がそうでない）**と同様Aでない**、AでないのはBと同じ　⊕no more than Aは「わずかA」、no less A than Bは「Bに劣らずAで」
❷Bと同じ数［量］のAしかない

□ 620
not A **in the least**

少しもAでない、全然Aでない（≒not A at all）

□ 621
not to mention A
⊕mention＝～に言及する

Aは言うまでもなく、Aに加えて　⊕通例、「よいこと」をつけ加えて言う場合に用いる。to say nothing of Aは「悪いこと」をつけ加えて、「Aは言うまでもなく」を表す

□ 622
nothing less than A
＝nothing short of A

（まさに）**Aにほかならない**、まさしくAで　⊕そのことの重要性や深刻さを強調する際の表現。nothing more than Aは「Aにすぎない」

□ 623
nothing more than A

Aにすぎない、Aでしかない　⊕nothing less than Aは「（まさに）Aにほかならない」

□ 624
something of a [an] A

ちょっとしたA、かなりのA　⊕「完全［厳密］にはそうではないが」というニュアンス

Day 38 112
Quick Review
答えは右ページ下

□～であることを考えれば	□～でありさえすれば	□たとえ～でも	□もし～ならば
□～ということを除いて	□～する目的で	□～するや否や…	□～を考えると
□～することを恐れて	□～という点で	□～という条件で	□～するとすぐ
□～するや否や…	□～する限りでは	□～という理由で	□～のように

Check 2 Phrases 116

□ No doubt about it.（[前述の内容を受けて] そのことに疑いはない、その通り）

□ be no less beautiful than a movie actress（映画女優にも劣らず美しい）

□ be no more easy than the first problem（最初の問題と同様に簡単ではない）

□ not afraid of snakes in the least（ヘビが少しも怖くない）

□ speak Chinese, not to mention English（英語は言うまでもなく、中国語も話す）

□ be nothing less than a miracle（奇跡にほかならない）

□ be nothing more than a coincidence（偶然にすぎない）

□ something of a surprise（ちょっとした驚き）

Check 3 Sentences 117

□ No doubt he will win the next election.（きっと彼は次の選挙に勝つだろう）

□ The security problem in Iraq is no less serious than that in Afghanistan.（イラクの治安問題はアフガニスタンの治安問題と同様に深刻だ）

□ Iraq is no more secure now than it was previously.（イラクは以前と同様に今も安全ではない）

□ This book is not interesting in the least.（この本は少しも面白くない）

□ She is so talented, not to mention beautiful.（彼女は美しいことに加えて、非常に才能がある）

□ It was nothing less than a nightmare.（それは悪夢にほかならなかった）

□ He is nothing more than a dictator.（彼は独裁者にすぎない）

□ She is something of a celebrity in her hometown.（彼女は地元ではちょっとした有名人だ）

Day 38 112
Quick Review
答えは左ページ下

□ considering that ～
□ except that ～
□ for fear ～
□ hardly ～ when . . .
□ if only ～
□ in order that ～
□ in that ～
□ insofar as ～
□ no matter ～
□ no sooner ～ than . . .
□ on condition that ～
□ on the grounds that ～
□ provided that ～
□ seeing that ～
□ the minute ～
□ the way ～

Day 40 数量表現

Check 1 Chants 118

□ 625 **a great** [good] **many** A	**非常に** [かなり] **多くのA**
□ 626 **a** (whole) **host of** A ⊕host＝多数、大勢	**多数のA**、大勢のA
□ 627 **a series of** A ⊕series＝連続、一続き	**一連のA**、一続きのA
□ 628 **a shade of** A ⊕shade＝ほんの少し	**ほんの少しのA**、ごくわずかのA ⊕a shade Aの形でA（形容詞）を副詞的に修飾する場合もある
□ 629 **a shower of** A	**A**（弾丸・涙など）**の雨**、多量のA ⊕「空中などを流れる物が多量の」というニュアンス
□ 630 **a touch of** A ⊕touch＝少量	**少量のA**、わずかのA
□ 631 **a variety of** A ⊕variety＝（数々の）異なったもの	**いろいろのA**、Aの寄せ集め
□ 632 **as many as** A	❶**Aほど多数の**、Aもの多くの（≒no less than A） ❷Aと同数の

continued ▼

今日は数量表現をチェック。数・量の「多少」を表す熟語をマスターして、表現力に幅をつけよう！

□ 聞くだけモード　Check 1
□ しっかりモード　Check 1 ▸ 2
□ かんぺきモード　Check 1 ▸ 2 ▸ 3

Check 2　Phrases 🎧 119	Check 3　Sentences 🎧 120
□ a great many people（非常に多くの人々）	□ The country has a great many problems.（その国は非常に多くの問題を抱えている）
□ a host of attendants（多数の出席者）	□ He has a host of friends.（彼には多くの友人がいる）
□ a series of incidents（一連の出来事［事件］）	□ Police are investigating a series of robberies.（警察は一連の強盗事件を捜査している）
□ a shade of difference（ほんの少しの違い）	□ There was a shade of sadness in her smile.（彼女の笑みにはどこか悲しそうな感じがあった）
□ a shower of meteors（数多くの流星）	□ The plane landed safely despite a shower of sparks.（その飛行機は大量の火花を立てながらも無事に着陸した）
□ a touch of salt（少量の塩）	□ I have a touch of fever and no appetite.（私は少し熱があって、食欲がない）
□ a variety of fruits（さまざまな種類の果物） □ for a variety of reasons（いろいろな理由で）	□ The shop sells a variety of goods.（その店はいろいろな商品を売っている）
□ as many as 50,000 refugees（5万人もの多くの難民）	□ She has as many as 6,000 books.（彼女は6000冊も本を持っている）

continued ▼

Check 1 Chants 118

□ 633
as much as A

❶(量・金額の多さを強調して)**Aほども多く**(の)、Aほど(の)
❷Aと同量[同額]の

□ 634
give or take A

A(時間・数量など)**の**(多少の)**増減を含んで**[伴って]、A程度の誤差はあるとして

□ 635
just short of A
= a little short of A
➕short = 不足して

(数詞を伴って)**もう少しでA**、ほとんどAにも(なる) ➕little [nothing] short of Aは「ほとんどA以外の何ものでもない、Aも同然で」

□ 636
many a [an] A

多数のA、いくつものA ➕Aには単数名詞が来る。「many+複数名詞」と同義だが、個々を強調する意味合いがある

□ 637
more like A

(既に述べられた数量よりも)**むしろAに近い**、もっと正確に言えばA

□ 638
quite a bit of A

❶**かなりたくさんのA** ➕quite a bitだけで「かなりたくさん、相当量」という意味の名詞としても用いられる
❷(quite a bitで副詞的に)かなり、相当

□ 639
scores of A
➕score = 20

多数のA、たくさんのA(≒a lot of A)

□ 640
what little A

わずかばかりのA、あるだけのA、なけなしのA

Day 39 115
Quick Review
答えは右ページ下

□ いっそう
□ とりわけ
□ しかもA
□ いくらAでもA過ぎることはない
□ ～せざるを得ない
□ ～してばかりいる
□ Aは言うまでもなく
□ Aも同然の
□ 確かに
□ Bに劣らずAで
□ Bと同様Aでない
□ 少しもAでない
□ Aは言うまでもなく
□ Aにほかならない
□ Aにすぎない
□ ちょっとしたA

Check 2 Phrases 119

□ weigh as much as 20 tons (20トンもの重さがある)

□ last about two hours, give or take 10 minutes ([劇などが] 10分ほどの増減はあるが、2時間程度続く)

□ be just short of five feet ([高さなどが] もう少しで5フィートである)

□ many a man (多くの人々)

□ look more like 10 years old (むしろ10歳近くに見える)

□ quite a bit of money (かなりの大金)

□ scores of people (たくさんの人々)

□ what little hope (わずかばかりの望み)

Check 3 Sentences 120

□ He paid as much as $5,000 for the trip. (彼はその旅行で5000ドルも使った)

□ The universe is said to be 13.7 billion years old, give or take a few million. (宇宙は、数百万年の誤差はあるとしても137億歳と言われている)

□ She is just short of 10 years old. (彼女はもう少しで10歳だ)

□ He made many a mistake in his calculations. (彼は計算をいくつも間違えた)

□ The thermometer said it was 29 degrees, but it felt more like 35. (温度計では29度だったが、むしろ35度くらいに感じた)

□ We had quite a bit of snow yesterday. (昨日はかなりたくさん雪が降った)

□ Scores of protesters gathered outside the U.S. embassy in Seoul. (多くの抗議者たちがソウルの米国大使館の外に集まった)

□ He spent what little money he had on the dictionary. (彼は持っていたなけなしの金をその辞書に使った)

Day 39 115
Quick Review
答えは左ページ下

□ all the more
□ among other things
□ and that A
□ cannot be too A
□ cannot but do
□ do nothing but do
□ let alone A
□ no better than A
□ no doubt
□ no less A than B
□ no more A than B
□ not A in the least
□ not to mention A
□ nothing less than A
□ nothing more than A
□ something of a A

oneseself

Check 1 Chants 121

□ 641 **be** oneself 元「本来の自分でいる」	**自然に**［いつものように］**振る舞う**、気取らず自然体でいる
□ 642 **explain** oneself	❶**自分の行為**［立場］**を弁明**［釈明］**する** ➕「怒っている人に対して弁明する」というニュアンス ❷言おうとしていることをはっきりと説明する
□ 643 **express** oneself	**自分の考えを述べる**、（創作活動などで）自己を表現する
□ 644 **find** oneself	（Aにいる／～している）**自分に気づく**（in [at] A / doing）；（気がつくと）（A［ある場所・状態］に）ある、いる（in [with] A）
□ 645 **present** oneself	（A［場所］に／Bのために）**出頭する**、出席する（at [before] A / for B）
□ 646 **watch** oneself	（しばしば命令文で）**慎重に行動する**、注意［用心］する ➕「けがをしたり、危険な目に遭わないように注意する」というニュアンス
□ 647 **keep to** oneself	**人づき合いを避ける**、人と交わらないでいる、独りでいる
□ 648 **think to** oneself	**心の中で思う**［考える］、ひそかに思う［考える］（≒ say to oneself）

continued ▼

今日は、再帰代名詞のoneselfを使った熟語をチェック。oneselfの形は、主語によって変わることにも注意しよう。

□ 聞くだけモード　Check 1
□ しっかりモード　Check 1 ▸ 2
□ かんぺきモード　Check 1 ▸ 2 ▸ 3

Check 2　Phrases 🎧 122

Check 3　Sentences 🎧 123

□ Be yourself!（落ち着け！、自然体でいけ！）
▸
□ He can be himself with her.（彼女と一緒だと彼は自然体でいられる）

【Pop Quiz!】
cannot but doと同じ意味の熟語は？
▸答えは見出し番号613でチェック！
▸
□ He apologized and explained himself.（彼は謝罪して、自分の行為を釈明した）

□ express oneself in English（英語で自分の考えを述べる）
□ express oneself in music（音楽で自己を表現する）
▸
□ I sometimes feel it's hard for me to express myself.（私は時々、自分の考えを述べるのが難しいと感じることがある）

□ find oneself in trouble（トラブルに巻き込まれていることに気づく）
□ find oneself crying（泣いている自分に気づく）
▸
□ He came to and found himself at home.（彼は意識を回復すると、自分が家にいることに気づいた）

□ present oneself at court（出廷する）
▸
□ The man presented himself at the police station.（その男は警察署に出頭した）

□ Watch yourself!（気をつけなさい！）
▸
□ You have to watch yourself when you're crossing the street.（道路を渡っているときは注意しなさい）

【Pop Quiz!】
let alone Aと同じ意味の熟語は？
▸答えは見出し番号615でチェック！
▸
□ She tends to keep to herself.（彼女は人づき合いを避ける傾向がある）

【Pop Quiz!】
no doubtと同じ意味の熟語は？
▸答えは見出し番号617でチェック！
▸
□ "What a boring lecture!" he thought to himself.（「何て退屈な講義なんだ！」と彼は心の中で思った）

continued
▼

Check 1 Chants 🎧 121

□ 649
prepare oneself **for** A
▸
Aの覚悟［準備］をする ⊕「間もなく起きることに対して精神的・肉体的に備える」というニュアンス
▸

□ 650
avail oneself **of** A
▸
A（機会など）**を利用する**（≒take advantage of A）；Aをうまく使う（≒make use of A）
▸

□ 651
pride oneself **on** A
▸
Aを自慢する、誇る ⊕be proud of Aよりフォーマルな表現
▸

□ 652
apply oneself **to** A
▸
Aに専念［没頭］する ⊕「長い間、多くの注意を払う」というニュアンス
▸

□ 653
commit oneself **to** A
▸
Aを約束する、誓う ⊕「絶対にそうすると約束する」というニュアンス
▸

□ 654
devote oneself **to** A
▸
A（仕事など）**に一身をささげる**、専念する ⊕「目的を達成するため・誰かを助けるために、できることをすべてする」というニュアンス
▸

□ 655
beside oneself
▸
（A［怒り・興奮など］で）**われを忘れて**、逆上して（with A）
▸

□ 656
in spite of oneself
▸
われ知らず、思わず ⊕「そうするつもりはなかったけれども」というニュアンス
▸

Day 40 🎧 118
Quick Review
答えは右ページ下

□ 非常に多くのA	□ Aの雨	□ Aほども多く	□ むしろAに近い
□ 多数のA	□ 少量のA	□ Aの増減を含んで	□ かなりたくさんのA
□ 一連のA	□ いろいろのA	□ もう少しでA	□ 多数のA
□ ほんの少しのA	□ Aほど多数の	□ 多数のA	□ わずかばかりのA

Check 2 Phrases 122

Check 3 Sentences 123

Check 2 Phrases		Check 3 Sentences
□ prepare oneself for the exam (試験への心構えをする) □ prepare oneself for the worst (最悪の事態を覚悟する)	▸	□ I am preparing myself for a job interview next week. (私は来週の就職面接の準備をしている)
□ avail oneself of any means (いかなる手段でも利用する)	▸	□ He availed himself of every opportunity to learn. (彼はあらゆる学習の機会を利用した)
□ pride oneself on A's knowledge (知識をひけらかす)	▸	□ She prides herself on her appearance. (彼女は自分の容姿を自慢している)
□ apply oneself to A's work (仕事に専念する)	▸	□ You should apply yourself to your studies. (あなたは勉強に専念すべきだ)
□ commit oneself to marriage (結婚を誓う)	▸	□ The new government committed itself to economic reform. (新しい政府は経済改革を約束した)
□ devote oneself to charity work (慈善活動に専念する)	▸	□ Mother Teresa devoted herself to helping the poor. (マザー・テレサは貧者の救済に身をささげた)
【Pop Quiz!】 as many as Aと同じ意味の熟語は？ ▸答えは見出し番号632でチェック！	▸	□ She was beside herself with joy. (彼女は喜びでわれを忘れていた)
【Pop Quiz!】 scores of Aと同じ意味の熟語は？ ▸答えは見出し番号639でチェック！	▸	□ I saw my face in the mirror and laughed in spite of myself. (私は自分の顔を鏡で見て、思わず笑ってしまった)

Day 40 118 Quick Review
答えは左ページ下

□ a great many A	□ a shower of A	□ as much as A	□ more like A
□ a host of A	□ a touch of A	□ give or take A	□ quite a bit of A
□ a series of A	□ a variety of A	□ just short of A	□ scores of A
□ a shade of A	□ as many as A	□ many a A	□ what little A

Day 42 文の熟語

Check 1 Chants 124

□ 657 **A is one thing, B is another.**	**AとBとは別のことだ**
□ 658 **A is to B what C is to D.**	**AとB**（の関係）**はCとDの関係と同じだ**、AのBに対する関係はCのDに対する関係と同じだ
□ 659 **All A have to do is (to) do.**	**Aは〜さえすればよい**
□ 660 **Chances are (that) 〜.** ➕chance＝可能性、見込み	**恐らく〜だろう**、多分〜だろう、〜する見込みはある ➕chancesにtheをつけて、The chances are (that) 〜.となることもある
□ 661 **How dare 〜?** ➕dare＝あつかましくも〜する	**よくも**［ずうずうしくも］**〜できるね** ➕人がしたこと・言ったことに対して、怒りや衝撃を感じたときの表現。疑問文の形なので文末には疑問符（?）がつくのが原則だが、怒りなどを強調するために感嘆符（!）をつけることも多い
□ 662 **If it were not for A**	**もしAがなければ**［いなければ］ ➕現在の事実に反する仮定を表す。Ifを省略すると倒置が起き、Were it not for Aとなる。過去の事実に反する仮定は、If it had not been for Aで、Ifを省略すると同様に倒置が起き、Had it not been for Aとなる
□ 663 **It (just) goes to show (that) 〜.**	（前述の内容を受けて）（それは）**〜ということを証明している**、〜だということがよく分かる
□ 664 **It follows that 〜.**	（ある事実があって）**当然〜ということになる**、〜という結果になる

continued ▼

いよいよ今日の「文の熟語」で『キクジュクSuper』も最後。ここまで続けてくれて本当にありがとう！ We're proud of you!!

□ 聞くだけモード Check 1
□ しっかりモード Check 1 ▸ 2
□ かんぺきモード Check 1 ▸ 2 ▸ 3

Check 2 Sentences 1 🎧 125	Check 3 Sentences 2 🎧 126
□ Knowing is one thing, experiencing is another.（知ることと経験することは別である）	□ Change is one thing, progress is another.（変化と進歩は別物である ➕英国の哲学者、バートランド・ラッセル［1872-1970］の言葉）
□ Words are to language what notes are to music.（単語と言語の関係は、音符と音楽の関係と同じだ）	□ Steinway is to pianos what Stradivari is to violins.（スタインウェイとピアノの関係は、ストラディバリとバイオリンの関係と同じだ）
□ All you have to do is study.（あなたは勉強さえすればよい）	□ All he has to do is apologize.（彼は謝りさえすればよい）
□ Chances are he will win.（恐らく彼は勝つだろう）	□ Chances are it will rain.（多分、雨が降るだろう）
□ How dare you say such a thing to me!（よくも私にそんなことが言えるね！）	□ How dare you make fun of her like that!（よくも彼女のことをそんなふうにからかえるね！）
□ If it were not for your help, our work would be much more difficult.（あなたの助けがなければ、私たちの仕事はずっと困難だろう）	□ If it were not for gravity, there would be no distinction between up and down.（重力がなければ、上下の違いもないだろう）
□ She failed the exam. It goes to show she didn't study enough.（彼女は試験に落ちた。［これは］彼女が十分に勉強しなかった証拠だ）	□ He always helps me. It goes to show he is a true friend.（彼はいつでも私を助けてくれる。［このことから］彼は私の真の友人であることがよく分かる）
□ If that is true, it follows that he must be innocent.（もしそれが本当なら、当然彼は無罪に違いないということになる）	□ Interest rates are going up, so it follows that house sales will go down.（金利が上がっているので、住宅販売数は減ることになるだろう）

continued
▼

Check 1 Chants 124

□ 665
It is no use doing.
➕use＝役に立つこと

～しても無駄だ、役に立たない ➕「効果がないからしないほうがいい」というニュアンス

□ 666
It is not until A that ～.

Aになって初めて～する、Aまでは～しない ➕Aには、年など時を表す語句のほか、節も入る

□ 667
It stands to reason (that) ～.
➕reason＝道理、理屈

～は当然である、理にかなっている

□ 668
Rumor [Word] has it that ～.
➕rumor、word＝うわさ

～といううわさだ、うわさによれば～ということだ

□ 669
The point is (that) ～.
➕point＝要点

要するに～だ、重要なのは～だ ➕thatを省略する場合、省略の印としてコンマ（,）をつけることも多い

□ 670
This [That] is not to say (that) ～.

❶（前文の内容を受けて）**といっても～というのではない**［ということにはならない］
❷（not to say Aで）Aとは言わないまでも

□ 671
What has become of A?

A（人・物）はどうなったのだろうか?、A（人・物）に何が起きたのだろうか? ➕未来について「A（人・物）はどうなるだろうか?」はWhat will become of A?となる

□ 672
When it comes to A

Aのこととなると；Aに関して言えば

Day 41 121
Quick Review
答えは右ページ下

□ 自然に振る舞う
□ 自分の行為を弁明する
□ 自分の考えを述べる
□ 自分に気づく
□ 出頭する
□ 慎重に行動する
□ 人づき合いを避ける
□ 心の中で思う
□ Aの覚悟をする
□ Aを利用する
□ Aを自慢する
□ Aに専念する
□ Aを約束する
□ Aに一身をささげる
□ われを忘れて
□ われ知らず

Check 2 Sentences 1 🎧 125		Check 3 Sentences 2 🎧 126
□ It's no use complaining! (文句を言っても無駄だ！)	▶	□ It's no use crying over spilled milk. (こぼれた牛乳のことで泣いても無駄だ ➕ことわざ＝覆水盆に返らず)
□ It was not until recently that I learned of the accident. (私は最近になって初めてその事故のことを知った)	▶	□ It was not until 1972 that Okinawa was restored to Japan. (1972年になって沖縄は日本に返還された)
□ It stands to reason that drinking enough water every day is essential. (適量の水を毎日飲むことが不可欠なのは当然だ)	▶	□ It stands to reason that a child that is constantly criticized will lose self-confidence. (いつも非難されている子どもが自信を失うのは当然だ)
□ Rumor has it that my boss is quitting the company. (私の上司は会社を辞めるといううわさだ)	▶	□ Rumor has it that she got divorced last year. (うわさによると彼女は去年、離婚したということだ)
□ The point is we don't know what climate change will mean. (要するに私たちは気候変化が何を意味するのか分からないということだ)	▶	□ The point is you have to find a job. (重要なのは君は仕事を見つけなければならないということだ)
□ This is not to say I hate my job. (といっても私は自分の仕事が嫌いというのではない)	▶	□ This is not to say I gave up hope. (といっても私が希望を捨てたというのではない)
□ What has become of her? (彼女はどうなったのだろうか?)	▶	□ What has become of his promise? (彼の約束はどうなったのだろうか?)
□ When it comes to math, he is second to none. (数学のことになると、彼は誰にも負けない)	▶	□ When it comes to money, she is totally irresponsible. (お金のことになると、彼女は全く無責任だ)

Day 41 🎧 121
Quick Review
答えは左ページ下

□ be oneself	□ present oneself	□ prepare oneself for A	□ commit oneself to A
□ explain oneself	□ watch oneself	□ avail oneself of A	□ devote oneself to A
□ express oneself	□ keep to oneself	□ pride oneself on A	□ beside oneself
□ find oneself	□ think to oneself	□ apply oneself to A	□ in spite of oneself

Chapter 5 Review

左ページの(1)～(9)の熟語の同意熟語・類義熟語（≒）を右ページのA～Iから選び、カッコの中に答えを書き込もう。意味が分からないときは、見出し番号を参照して復習しておこう（答えは右ページ下）。

- □ (1) cannot but do (613) ≒は?（　　）
- □ (2) let alone A (615) ≒は?（　　）
- □ (3) no doubt (617) ≒は?（　　）
- □ (4) no less A than B (618) ≒は?（　　）
- □ (5) as many as A (632) ≒は?（　　）
- □ (6) scores of A (639) ≒は?（　　）
- □ (7) think to oneself (648) ≒は?（　　）
- □ (8) avail oneself of A (650) ≒は?（　　）
- □ (9) pride oneself on A (651) ≒は?（　　）

Day 42 124
Quick Review
答えは右ページ下

□ AとBとは別のことだ　□ よくも～できるね　□ ～しても無駄だ　□ 要するに～だ
□ AとBはCとDの関係と同じだ　□ もしAがなければ　□ Aになって初めて～する　□ といっても～というのではない
□ Aは～さえすればよい　□ ～ということを証明している　□ ～は当然である　□ Aはどうなったのだろうか?
□ 恐らく～だろう　□ 当然～ということになる　□ ～といううわさだ　□ Aのこととなると

A. take advantage of A
B. no less than A
C. a lot of A
D. to say nothing of A
E. be proud of A
F. cannot help doing
G. say to oneself
H. without doubt
I. as A as B

【解答】(1) F (2) D (3) H (4) I (5) B (6) C (7) G (8) A (9) E

- □ A is one thing, B is another.
- □ A is to B what C is to D.
- □ All A have to do is do.
- □ Chances are ～.
- □ How dare ～?
- □ If it were not for A
- □ It goes to show ～.
- □ It follows that ～.
- □ It is no use doing.
- □ It is not until A that ～.
- □ It stands to reason ～.
- □ Rumor has it that ～.
- □ The point is ～.
- □ This is not to say ～.
- □ What has become of A?
- □ When it comes to A

全部覚えられるかな?

Can you memorize all of them?

Appendix

＊ Day学習部の672の熟語に加えて、覚えておきたい重要熟語がChapterごとに掲載されています（Chapter 5を除く）。各Chapterの学習が終わったときや、時間に余裕があるときなどに確認して、熟語の数を増やしましょう。このAppendix部の熟語451を合わせれば、本書での総習得熟語数は1123に！

□ 基本動詞で覚えるその他の重要熟語

Check 🎧127

□ A001
go overboard
元 船外へ行く
▸ **極端に走る**、行き過ぎる（≒go too far、go to extremes） ➕「極端な言動をする」というニュアンス

□ A002
go places
元 あちこちへ行く
▸ （通例、現在進行形・未来形で）（どんどん）**成功**［出世］**する**

□ A003
go public
➕public＝公の；公開の
▸ ❶（A［秘密など］を）**公にする**、公表する（with A）
❷（企業が）株式を公開［上場］する

□ A004
go straight
➕真っすぐに進む
▸ （犯人などが）**更正する**、改心する、誠実に生きる

□ A005
go the distance
➕distance＝間隔
▸ **最後までやり抜く**；（野球で）完投する

□ A006
go a long way toward [to] doing
▸ 〜**するのに大いに役立つ**［効果がある］

□ A007
come alive
▸ ❶**生き生きとする**
❷（場所などが）活気づく

□ A008
come clean
▸ （Aについて）**白状する**、本当のことを言う（about A）

□ A009
come off
▸ ❶（ボタンなどが）**外れる**；（come off Aで）Aから外れる
❷（Aの）印象を与える、（Aのように）見える（as A）
❸（come off Aで）Aの状態で終わる、結果がAとなる
❹（事が）起こる；（計画などが）成功する

□ A010
come a long way
▸ **大いに発展**［進歩］**する**、成功する ➕通例、完了時制で用いる

□ A011
come in handy
➕handy＝便利な
▸ （Aに）**役立つ**、便利である（for A）

Check 🎧 128

☐ A012 **come into A's own** ▸	❶**実力［本領］を発揮する** ❷真価を認められる、実力相応の評価を受ける
☐ A013 **come into force** ➕force＝（法律などの）効力 ▸	（法律が）**効力を発する**、実施される
☐ A014 **come into play** ➕play＝活動、働き ▸	（事・物が）**働き始める**、作用する
☐ A015 **come into view [sight]** ➕view、sight＝視界 ▸	**見えてくる**
☐ A016 **come of age** ➕age＝年齢 ▸	❶**成年に達する** ➕「法律的に大人として認められる年齢になる」というニュアンス ❷十分に発達する
☐ A017 **come [grind] to a halt** ➕halt＝停止、休止 ▸	**止まる**、停止する
☐ A018 **come to a head** ➕head＝（重大な事態の）頂点、危機 ▸	（事態が）**山場を迎える**、危機に瀕する［陥る］
☐ A019 **come to life** ➕life＝生命 ▸	❶**突然動き始める**；意識を取り戻す ❷活気を呈する ❸実現する
☐ A020 **come down to A** ㊁Aに届く ▸	**結局Aということになる** ➕通例、itを主語にして用いる
☐ A021 **take a back seat** ➕back seat＝後部座席 ▸	（A［人］の）**下位に甘んじる**、（Aより）目立たないようにする（to A） ➕「それほど重要でない地位にいることを受け入れる」というニュアンス
☐ A022 **take a nap** ➕nap＝仮眠、昼寝 ▸	**居眠り［昼寝］する**

Check 129

□ A023
take cover
➕cover＝避難場所
▶ **避難する**、隠れる

□ A024
take heart
➕heart＝元気、勇気
▶ **元気［勇気］を出す**、気を取り直す

□ A025
take hold
➕hold＝支配［影響］力
▶ **定着する**、確立する ➕「定着して効果が表れる」というニュアンス

□ A026
take offense
➕offense＝立腹
▶ （A［言われたこと・されたこと］に）**怒る**、立腹する（at A）

□ A027
take root
➕root＝根
㊝（種子などが）根づく
▶ （思想・習慣・方法などが）**定着する**、根づく

□ A028
take shape
➕shape＝具体化
▶ （考え・計画などが）**具体化する**、明確になる、はっきりとした形を取る

□ A029
take sides
➕side＝側
▶ **一方を支持［味方］する**

□ A030
take the plunge
➕plunge＝突入
▶ （思案の末）**思い切ってやってみる**、慣れない［際どい］ことを思い切ってする ➕「長い間遅らせていたり悩んでいた危険なことをする」というニュアンス；結婚する

□ A031
take A's breath away
➕breath＝息
▶ （物・事が）（美しさ・驚きなどで）**A**（人）**をはっとさせる**、息をのませる

□ A032
take A to heart
▶ **Aを心にとどめる**、Aを心に深く刻む、肝に銘じる ➕「人の言うことをよく聞いて実行する」というニュアンス

□ A033
take stock of A
➕stock＝評価
▶ **A**（情勢など）**を評価［判断、再検討］する** ➕「次にすべきこを決めるために今までのことを考える」というニュアンス

Check 130

☐ A034
take issue with A
➕issue＝論点
▸ **Aに反対する**、異議を唱える（≒disagree with A）

☐ A035
get ahead
㊠進む、進歩する
▸ ❶**成功する**、出世［昇進］する ➕特に仕事での成功についてよく用いる
❷（A［競争相手など］を）追い越す、しのぐ（of A）

☐ A036
get [go] nowhere
▸ **成功しない**、効果［成果、進歩］がない（⇔get somewhere）

☐ A037
get somewhere
▸ （通例、進行形で）**うまくいく**、進歩する、成功する（⇔get [go] nowhere）

☐ A038
get [become] carried away
▸ **夢中になる**、興奮する ➕「正常な判断ができなかったり、ほかのすべてのことを忘れるほど夢中になる」というニュアンス

☐ A039
get off the ground
➕ground＝地面
㊠離陸する
▸ （物事が）**うまくスタートする**、軌道に乗る［乗り始める］

☐ A040
get [rise, jump, stand] to A's feet
▸ **立ち上がる** ➕「座っていたり、転んだ後に立ち上がる」というニュアンス

☐ A041
get to the bottom of A
➕bottom＝真相、原因
▸ A（問題・状況など）**の原因［真相］を突き止める**

☐ A042
get to the point
▸ **要点［核心、本題］に触れる** ➕「最も言いたい大切なことを言う」というニュアンス。get the pointは「（話などの要点を）理解する、意味が分かる」

☐ A043
get results
➕result＝成果
▸ **好結果を得る**、好成績を挙げる

☐ A044
get the message
➕message＝伝言、要件
㊠伝言を受け取る
▸ **真意を理解する**、（相手の）言わんとすることが分かる

Check 131

□A045
get the picture
➕picture＝状況、事態
▸ **状況［事態、事情］を理解する**

□A046
get A straight
➕straight＝正しい；整理した
▸ ❶**Aを正しく理解［把握］する**
❷Aを整理する

□A047
get A's act together
➕act＝行い
▸ **てきぱきとやる** ➕「うまくまとめられた方法でする、能力をもっと有効に使う」というニュアンス

□A048
get a load of A
➕load＝多数、多量
▸ （通例、命令文で）**Aを（よく）見る［聞く］**

□A049
get the feel of A
➕feel＝感触；感じ
▸ **Aのこつを覚える**、Aに慣れる、Aの勘所が分かる

□A050
get a handle on A
➕handle＝取っ手、ハンドル
▸ ❶**Aを理解する**、Aが分かる
❷Aを操作［管理］する

□A051
get the hang of A
➕hang＝扱い方、こつ
▸ **Aのこつをのみ込む**、Aの扱い方が分かる、Aを理解する

□A052
have [stand] a chance
▸ （Aの）**見込み［可能性］がある**（of A） ➕通例、成功などのよい可能性があることを表す。of AのAには動名詞が入ることが多い

□A053
have a heart
➕heart＝愛情
▸ （通例、命令文・要求文で）**思いやりがある**、情け深い

□A054
have no clue
＝not have a clue
➕clue＝（問題を解く）手がかり
▸ （Aについては）**さっぱり分からない**（about A）

□A055
have a go at A
➕go＝試み
▸ （試しに）**Aをやってみる**

Check 🎧 132

□ A056
have an eye for A ▸ **Aに対して鑑識眼がある**、Aを見る目がある、Aを見抜く目がある ➕「価値がある物、品質の高い物などを見分けるのがうまい」というニュアンス
➕eye＝見分ける力

□ A057
have no time for A ▸ **Aにかかわりたくない**、Aはごめんだ［嫌いだ］、Aに時間を使う余裕がない ➕「嫌いなのでそのことで時間を無駄にしたくない」というニュアンス

□ A058
have a history of A ▸ **Aの前歴［病歴］がある**
➕history＝前歴、病歴

□ A059
have had enough of A ▸ **Aはもうたくさん［うんざり］だ**
➕enough＝十分

□ A060
have a way of doing ▸ **～するのが普通である**、～する傾向がある

□ A061
have a bearing on A ▸ **Aと関係［関連］がある**、Aに影響を与える ➕have some bearing on A（Aと少し関係がある）、have no bearing on A（Aと全く関係がない）の形でもよく用いられる
➕bearing＝関係、関連

□ A062
have a crush on A ▸ **A（人）に熱を上げる**、A（人）にのぼせ上がる ➕通例、あまりよく知らない人物に夢中になることを表す
➕crush＝一時的な熱中

□ A063
have a word with A ▸ **Aと少し話をする**、ちょっと話し合う ➕「ほかに人のいない所で少し話す」というニュアンス。have words with Aは「Aと口論する」
➕word＝手短な会話

□ A064
have a tendency to do ▸ **～する傾向がある**、～する性向がある（≒tend to do）
➕tendency＝傾向；性向

□ A065
have the nerve to do ▸ ❶(通例、否定文で) **～する勇気がある**（≒have the courage to do） ❷厚かましくも～する
➕nerve＝勇気；厚かましさ

□ A066
keep a low profile ▸ **目立たないようにする**、人目につかないでいる、低姿勢でいる
➕profile＝態度、姿勢

Check 133

□ A067
keep time
▸ (時計が) **時間が正確である** ⊕「(時計が) 進む」はgain、「(時計が) 遅れる」はlose

□ A068
keep A going
▸ **A (人) を頑張らせる**、A (人) の命を持ちこたえさせる、A (人) に活動を続けさせる ⊕「人が生き続けたり、何かをし続けるための希望や情熱を与える」というニュアンス

□ A069
keep A posted
⊕post＝～を公表する
▸ (定期的に) **A (人) に出来事を知らせる**、A (人) に連絡［報告］を怠らない

□ A070
keep A's fingers crossed
⊕cross＝～を交差させる
▸ **幸運［成功］を祈る** ⊕人差し指の上に中指を重ねるしぐさ

□ A071
keep A's mouth shut
▸ ❶**黙っている** ⊕「失言や人を怒らせるのを避けるため口を出さないでいる」というニュアンス
❷秘密を守る［漏らさない］

□ A072
keep A's chin up
⊕chin＝あご
▸ (しばしば命令文で) (難局の中でも) **元気を出す**、勇気を失わない

□ A073
keep A at bay
⊕bay＝窮地
▸ **Aを寄せつけない**

□ A074
keep tabs on A
⊕tab＝勘定 (書)
㊖Aの勘定をつける
▸ **Aに注意を払う**、Aを見張る、監視する ⊕「何をしているのか［何が行われているのか］注意して見守る」というニュアンス

□ A075
keep [stay] abreast of A
⊕abreast＝横に並んで
▸ A (時勢・進歩など) **に遅れないでついて行く** (≒keep up with A、keep pace with A)

□ A076
keep [stay] clear of A
▸ **Aを避け (てい) る**、Aに近寄らない (≒avoid) ⊕「危険や面倒を避けるために近寄らない」というニュアンス

□ A077
make [cut, strike] a deal
▸ (Aと) **契約を結ぶ**、取引をする (with A)

Check 🎧 134

□ A078 **make** [find] **time** ▸	(～する) **時間を作る**、都合をつける (to do)
□ A079 **make** [leave] A's **mark** ▸	(Bとして) **成功する**、有名になる、名を上げる (as B)
□ A080 **make a move** ▸ ⊕move＝措置；移動	❶(～しようと) **行動を起こす**、(～するための) 措置を講じる、手段を取る (to do) (≒take measures) ❷(Aの方へ) 移動する (toward A)
□ A081 **make amends** ▸ ⊕amends＝償い	(A [人] に対して／B [事] の) **償い** [埋め合わせ] **をする** (to A/for B)
□ A082 **make an impression** ▸ ⊕impression＝印象	(A [人] に) **感銘** [印象] **を与える** (on A) ⊕impressionの前に形容詞を置いて、感銘・印象の度合いを表すことが多い
□ A083 **make** A's **day** ▸	A (人) **を幸せな気持ちにする**、喜ばせる
□ A084 **make way** ▸	❶(Aのために) **道を空ける** [譲る] (for A) ⊕make A's wayは「進む、前進する」 ❷(Aのために) 引っ込む、退く (for A)
□ A085 **make or break** A ▸	**Aの運命を左右する**、Aの成否を握る
□ A086 **make** A **sick** ▸ ⊕sick＝しゃくに障って	A (人) **を怒らせる**、むかつかせる、うんざりさせる
□ A087 **make allowances for** A ▸ ⊕allowance＝容認	A (人) **を大目に見る**、A (人) を寛大に扱う；A (事情など) を考慮する、酌量する ⊕「普通なら許されないところだが、特別な理由があるから許す」というニュアンス
□ A088 **make a contribution to** A ▸ ⊕contribution＝貢献；寄付	**Aに貢献する**；Aに寄与する

□ 前置詞で覚えるその他の重要熟語

Check 🎧 135

□ A089 **on A's hands**	**A（人）の責任［重荷］となって**
□ A090 **on A's knees** ➕knee＝ひざ	**ひざまずいて** ➕通例、祈りや嘆願の際にひざまずくことを表す
□ A091 **on call** ➕call＝要請	（医師などが）**待機中で**、出動態勢で、呼び出しにいつでも応じられて ➕「必要とされるときはいつでも出発し、仕事を始める準備ができている」というニュアンス
□ A092 **on demand** ➕demand＝要求、請求	**請求［要求］に応じて**、請求［要求］があり次第 ➕in demandは「需要がある」
□ A093 **on hold** ➕hold＝休止；延期	❶（電話口で）**待って**、保留の状態で、電話を切らないで ➕「電話口で話す・話しかけられるのを待っている」というニュアンス ❷（計画などが）延期されて
□ A094 **on ice**	（問題などを）**保留して**、棚上げして ➕「計画や提案について一定の期間、何もしない」というニュアンス
□ A095 **on line**	（人が）**作業配置に就いて**、（機械が）稼働して、運転［作業］を開始して；（コンピューターで）オンラインで ➕on the lineは「（地位・名誉などが）危険にさらされて」
□ A096 **on paper** ㊄紙上に	**理論上は**、名目上は ➕「概念としては正しいかもしれないが、実際は違うかもしれない」というニュアンス
□ A097 **on target** ➕target＝目標	**目標通りで**、正しい目標に向かって；狙い［予想］通りで
□ A098 **on the ground**	**現場で**、その場で ➕「話題となっている実際の場所で」というニュアンス
□ A099 **on the job**	**仕事中で**［に］（≒at work、on duty）

Check 136

□ A100
on the line
▸ (地位・名誉などが) **危険にさらされて**、危うくなって ➕「地位などを失う可能性があって」というニュアンス。on lineは「(人が) 作業配置に就いて」

□ A101
on the market
➕market＝市場
▸ **売りに出されて** ➕in the market for Aは「Aを買いたいと望んで」

□ A102
on the move
➕move＝移動；進展
▸ ❶**進行中の**、前進中の ➕通例、「よい方向へ進んでいる」ことを表す；発展中の
❷絶えず移動して、転々と移動して
❸忙しい、多忙で

□ A103
on the rise
➕rise＝増加；上昇
▸ **増加して** (≒on the increase)；(物価などが) 上昇中で [の]；(経済などが) 上向きで [の]

□ A104
on the road
▸ ❶**旅行中で**、旅行して ➕通例、車での長旅について使う
❷(劇団などが) 巡業中の、(野球チームなどが) 遠征中で

□ A105
on the run
➕run＝走ること
▸ ❶**急いで**、慌てて、動き回って
❷(Aから) 逃亡中の、逃亡して (from A)
❸大敗して

□ A106
on the side
▸ ❶**副業** [内職] **として**
❷添え料理として

□ A107
on the table
▸ (議案などが) **検討中で**、上程 [提案] されて ➕under the tableは「わいろとして」

□ A108
on top
㊀上に、上方に
▸ ❶**成功して**、勝って
❷(頭の) てっぺんで

□ A109
on track
➕track＝軌道
▸ **軌道に乗って**、順調に進んで ➕「成功へ向かって進んでいる」というニュアンス

□ A110
in [by] contrast
➕contrast＝対照、対比
▸ (それと) **対照的に**、(それに) 比べて ➕2つの全く異なる事柄を対照させるときに使う

Check 137

□ A111
in [for] years ▶ **何年も**（の間）、長年（にわたって）

□ A112
in a nutshell ▶ **簡単に言えば**、要するに、つまり
➕nutshell＝堅果の果皮

□ A113
in action ▶ **活動**［作動、試合］**中の**［に］
➕action＝活動；作動；試合

□ A114
in anger ▶ **怒って**
➕anger＝怒り

□ A115
in A's own right ▶ **ほかに頼らずに**［依存せずに］；自己の権利で
➕right＝権利

□ A116
in A's pocket ▶ **Aに完全に支配されて**、Aの言いなりになって、Aの意のままに

□ A117
in A's shoes ▶ **Aの立場に身を置いて**、A（人）に代わって

□ A118
in A's youth ▶ **若いころ**、青春時代に
➕youth＝青春時代

□ A119
in business ▶ ❶**商売**［取引］**をして**、実務に就いて；仕事があって ❷すっかり用意ができて
➕business＝商売；実務

□ A120
in cash ▶ **現金で**；現金を持って
➕cash＝現金

□ A121
in conclusion ▶ **最後に**、終わりに（臨んで）（≒finally）；結論として ➕論文や演説などの締めくくりに用いられる表現
➕conclusion＝（話などの）結び；結論

Check 🎧 138

☐ A122
in despair
➕despair＝絶望

▸ **絶望して**、やけになって ➕「完全に望みを失って」というニュアンス

☐ A123
in doubt
➕doubt＝不確かさ；疑い

▸ ❶(物・事が) **不確かで**、未決定で
❷(人が) (Aについて) 疑って；迷って (about A)

☐ A124
in due course [time]
➕due＝当然の、course＝(時の) 経過

▸ **やがて**、そのうち (≒in time)；事が順調にいけば ➕「ある過程が終われば」というニュアンス

☐ A125
in focus
➕focus＝焦点

▸ ❶**焦点** [ピント] **が合って** (⇔out of focus)
❷(定義などが) 明確な

☐ A126
in force
➕force＝効力；勢力

▸ ❶(法律などが) **効力のある**、有効で
❷大挙して、大勢で

☐ A127
in full
➕full＝全部

▸ ❶**全額**
❷全部、完全に

☐ A128
in hand
➕hand＝支配；手

▸ **支配** [管理、制御] **して** ➕at handは「近くに [の]」、on handは「手近に」

☐ A129
in kind
➕kind＝種類

▸ ❶**同じやり方で**、同様に、(返報に) 同種のもので
❷(金銭でなく) 現物 [品物] で

☐ A130
in life

▸ **生前**、存命中

☐ A131
in need
➕need＝窮乏

▸ **困窮して** ➕「食べ物やお金が不足している」というニュアンス。in need of Aは「Aを必要として」

☐ A132
in no way
＝not in any way

▸ **少しも** [決して] **～ない**

Check 139

□ A133
in part
➊part＝部分
▸ **ある程度**、幾分（≒to some [a certain] extent [degree]） ➕in parts は「所々」

□ A134
in place
➕place＝あるべき場所
▸ ➊**適所に**、適当な［いつもの］所に（≒in position ⇔out of place）
➋（政策などが）機能して、機能を果たして

□ A135
in principle
➕principle＝原理、原則
▸ **原則として**、原則的に、原理上は；おおむね ➕「細部についてはともかく、全体的には賛成できる」というニュアンス

□ A136
in progress
➕progress＝進行
▸ **進行中で**、継続中で（≒under way）

□ A137
in prospect
➕prospect＝見込み
▸ **予想**［予期、期待］**されて** ➕「近い将来に起きそうで」というニュアンス

□ A138
in question
➕question＝問題
▸ ➊**問題になっている**、当該の；論争中の
➋疑わしい

□ A139
in reality
➕reality＝事実
▸ **実は**、実際は（≒in fact [truth]、to tell the truth） ➕「人はそう考えているが、実は」というニュアンス

□ A140
in reply
➕reply＝返事、答え
▸ （A［要求・手紙など］の）**返事として**、（Aに）答えて（to A）

□ A141
in secret
➕secret＝秘密
▸ **秘密に**［の］、ひそかに（≒in private、secretly）

□ A142
in shape
➕shape＝調子
▸ **体調がよくて**、好調［快調］で（⇔out of shape）

□ A143
in short supply
➕short＝不足した、supply＝供給
▸ （商品などが）**不足して**

Check　140

□ A144
in step
+step＝歩調
▶
❶（人・行動などが）（Aに）**調和**［**一致**］**して**（with A）
❷（Aと）歩調を合わせて（with A）

□ A145
in stock
+stock＝蓄え
▶
在庫があって

□ A146
in style
+style＝流行型；気品
▶
❶**流行して**、流行の（≒in fashion、in vogue　⇔out of style、out of fashion）
❷華やかに、さっそうと、堂々と　+「人々が感嘆するほど印象的に」というニュアンス

□ A147
in that case
+case＝場合
▶
その場合には、そうならば

□ A148
in the black
▶
黒字で、もうかって（⇔in the red）

□ A149
in the dark
元暗い所で
▶
（人が）（Aを）**知らないで**、分からずに（about A）　+「重要なことを伝えられていない」というニュアンス

□ A150
in the main
+main＝主要部
▶
大部分は、概して（≒mainly）

□ A151
in the negative
+negative＝否定、拒否
▶
反対［否定、拒否］**して**（⇔in the affirmative）

□ A152
in the open
+open＝戸外；周知
▶
❶**野外**［戸外、屋外］**で**
❷公然と、明るみに出て

□ A153
in the red
▶
赤字で（⇔in the black）

□ A154
in the works
▶
進行［計画、準備］**中で**、完成しかけて

Check 141

□ A155
to date
➕date＝日、日付
▸ **今まで**（のところ）、現在まで（≒up to now）

□ A156
to order
➕order＝注文
▸ **注文［要求］に応じて**

□ A157
at A's command
➕command＝支配、掌握
▸ **自由に使用できる**［使える］、思いのままに操れる（≒at A's disposal、available）

□ A158
at A's own risk
➕risk＝危険
▸ **自分の責任において**、危険を承知で

□ A159
at A's service
▸ **A（人）に役立つように**、A（人）の用命［意］のままに

□ A160
at A's wits' end
➕wit＝知力、知性
▸ **途方に暮れて**、当惑して（≒at a loss）

□ A161
at leisure
➕leisure＝暇、自由時間
▸ ❶**暇で**、のんびりして ➕at A's leisureは「暇な時に、都合のよい時に」
❷ゆっくりと、時間をかけて

□ A162
at that
▸ ❶（通例、文尾に置いて）**その上**、しかも、おまけに（≒as well）
❷そのままで
❸それでも、けれども

□ A163
at the end of the day
㊍その日の最後に
▸ **結局のところ**、最後には

□ A164
at this [that] rate
➕rate＝進度
▸ **この［その］調子では**、この［その］分では

□ A165
for A's money
▸ **自分の意見［好み］としては**、自分に関する限りは ➕自分がそう信じていることを強調して言う際の表現

Check 142

☐ A166
for God's sake
➊sake＝利益、ため
▸ (命令文・要求文で) **お願いだから**、どうか ➊God'sの代わりにChrist's、goodness'、heaven'sなどが入ることもある

☐ A167
for one
▸ ❶(主語Iの後で) **私としては**、少なくとも私は；個人としては ➊「私としては～だが、きっとほかの人もそうだろう」というニュアンス
❷一例として、1つには

☐ A168
for pleasure
➊pleasure＝娯楽
▸ **楽しみに**、娯楽として (⇔on business)

☐ A169
for real
➊real＝心からの
▸ **本気で**、真剣に (≒seriously) ➊「ふりをしているのではなく真剣に」というニュアンス

☐ A170
for the record
➊record＝記録
▸ **明確に言っておくと**；記録してもらうために (言えば)、公式に (言うと) ➊自分の言うことを覚えてもらいたかったり、書き留めておいてもらいたいときに使う表現

☐ A171
of [on] A's own accord
➊own＝独自の、accord＝調和、一致
▸ ❶**自発的に** (≒voluntarily) ➊「頼まれたり、強制されたりせずに」というニュアンス
❷自然に、ひとりでに

☐ A172
of significance
➊significance＝重要性
▸ **重要な** (≒of importance、significant、important)

☐ A173
against A's will
➊will＝意志
▸ **不本意ながら**、心ならずも ➊at willは「思いのままに」

☐ A174
between you and me
＝between ourselves
▸ **ここだけの話だが**、内密に

☐ A175
beyond A's control
➊control＝支配 (力)
▸ (Aには) **どうすることもできない**

☐ A176
under repair
➊repair＝修理
▸ (物が) **修理** [改修] **中で**

□副詞で覚えるその他の重要熟語

Check 143

□A177
bring on A [A on]
▸ **A（病気・戦争など）を引き起こす** ➕「悪いことを引き起こす」というニュアンス

□A178
lead on A [A on]
▸ **A（人）をだます**（≒deceive） ➕「恋愛感情を持っているように見せかけてだます」というニュアンス

□A179
cast off A [A off]
㊄Aを捨てる
▸ ❶**A（癖・習慣など）を捨てる**、やめる（≒get rid of A）
❷A（ロープなど）を解く
❸A（編み目）を留める

□A180
fight off A [A off]
▸ ❶**Aを撃退する**、A（人・物）を寄せつけない、避ける
❷A（病気など）を克服する

□A181
kill off A [A off]
▸ ❶**A（生物）を絶滅［全滅］させる**、大量に殺す
❷（作者が作品の中で）A（登場人物）を死なせる

□A182
let off A [A off]
▸ ❶**A（人）を**（B［軽い罰などで］）**許してやる**、放免する（with B）
❷A（人）を乗り物から降ろす
❸A（人）の仕事［罰など］を免除する

□A183
send off A [A off]
▸ ❶**A（手紙など）を発送する**、郵便局に出す
❷A（人）を（Bへ）行かせる、送り出す（to B）

□A184
tear off A [A off]
㊄Aを引きはがす
▸ **A（衣服）を大急ぎで脱ぐ**

□A185
tell off A [A off]
▸ **A（人）を**（Bのことで）**しかる**（for B）（≒scold）；A（人）に小言を言う

□A186
throw off A [A off]
▸ ❶**A（服）をさっと脱ぐ**（⇔throw on A）
❷A（束縛など）から解放される、逃れる
❸A（熱・光など）を放つ、発する
❹A（病気など）を治す

□A187
top off A [A off]
▸ ❶**Aを**（Bで）**締めくくる**、終える（with B）
❷Aを（つぎ足して）いっぱいにする

Check 144

□ A188
work off A [A off]

❶**A（嫌な気分など）を（運動などで）発散させる**、取り除く
❷A（借金など）を働いて返す

□ A189
bail out A [A out]

❶**A（人・会社など）を（金銭的に）救済する**、経済的に援助して救う
❷(bail outで）責任を回避する；困難から逃げる
❸Aを保釈させる

□ A190
blow out A [A out]

❶**Aを吹き消す**
❷(blow outで）（タイヤが）パンクする
❸Aに楽勝する
❹(blow outで）（石油・ガスなどが）突然吹き出す、噴出する

□ A191
buy out A [A out]

（営業権の取得のために）**Aの株を買い上げる**；A（会社）を買い取る

□ A192
carve out A [A out]
㊢Aを切り取る

A（名声など）を努力して得る；A（運命など）を切り開く

□ A193
clean out A [A out]

❶**A（部屋など）の内部を掃除する**、片づける
❷Aの金を全部奪う
❸A（金など）を使い果たす

□ A194
clear out A [A out]

❶**Aの中を掃除する**、Aの中の物を取り出す［片づける］
❷(clear outで）（A［場所］を）出る（of A）；家を出る

□ A195
close out A [A out]
㊢Aを閉め出す

❶**Aを終わらせる**、打ち切りにする
❷Aを大安売りする

□ A196
draw out A [A out]
㊢Aを引き出す

❶**A（人）に（うまく誘って）自由に話させる**、打ち解けさせる；A（秘密など）を聞き出す
❷Aを長引かせる
❸A（預金）を引き出す（≒withdraw）

□ A197
drive out A [A out]
㊢A（車）を運転して外へ出す

Aを追い出す

□ A198
iron out A [A out]
㊢A（衣服）にアイロンをかける

A（困難・問題など）を解決する、取り除く ➕「細かい問題点などを解決する」というニュアンス

Check 145

☐ A199
kick out A [A out]
元Aをけって外に出す
▸ A（人）を（Bから）追い出す；解雇する（of B）

☐ A200
live out A [A out]
▸ ❶A（夢など）を実現する、現実のものとする
❷A（ある時期）を生き延びる、生き抜く

☐ A201
map out A [A out]
▸ Aを入念に計画する

☐ A202
phase out A [A out]
▸ Aを段階的に廃止［停止、除去、削減］する

☐ A203
ride out A [A out]
▸ ❶（船が）A（嵐など）を乗り切る
❷（人が）A（困難など）を乗り越える、乗り切る

☐ A204
roll out A [A out]
▸ ❶A（金属・巻いた物など）を平らに伸ばす
❷A（製品）を量産する

☐ A205
root out A [A out]
▸ A（真実など）を探り出す、明るみに出す、見つけ出す ➕このrootの元々の意味は「根」ではなく、「(ブタなどが）鼻で地面を掘る」

☐ A206
round out A [A out]
元Aを一層丸くする
▸ A（事）をより完全なものにする、完成させる、A（事）の仕上げをする

☐ A207
see out A [A out]
▸ A（人）を玄関［外］まで見送る、送り出す

☐ A208
send out A [A out]
▸ ❶A（人・物）を送り出す；Aを発送する；Aを派遣する
❷A（光・熱など）を放つ；A（信号など）を発信する
❸(send out for Aで）Aを持ってくるように注文する、出前させる

☐ A209
shell out A [A out]
▸ A（大金）を（Bに）渋々支払う（for B）；(shell outで）（Aに）大金を渋々払う（for A）

Check 🎧146

□ A210
spell out A [A out]
▸ ❶**Aを詳細に［はっきり］説明する**
❷A（語）を1字1字言う［書く］
❸A（略語）を略さないで書く

□ A211
stamp out A [A out]
▸ ❶**A（犯罪など）を撲滅［根絶］する**、A（暴動など）を鎮圧する
➕「悪いことが続かないようにする」というニュアンス
❷A（火など）を踏み消す
❸Aを型に合わせて打ち抜く

□ A212
wash out A [A out]
▸ ❶**A（汚れなど）を洗い落とす**、洗い流す；(wash outで)（汚れなどが）洗って落ちる、流れ落ちる
❷(嵐などが) A（道など）を壊す、押し流す
❸(be washed outで)（試合などが）（嵐などで）中止になる

□ A213
weed out A [A out]
㊦A（庭など）の雑草を取る
▸ **A（好ましくない物など）を取り除く**

□ A214
write out A [A out]
▸ ❶**A（書類など）を完全に書く**、細大漏らさず書く
❷A（小切手など）を書く
❸A（登場人物）を（B［連続ドラマなど］から）削る（of B）

□ A215
beat up A [A up]
▸ ❶**A（人）を袋だたきにする**
❷(beat up on Aで) A（人）を打ちのめす、徹底的にやっつける
➕特に自分より年下か弱い者に対して用いる

□ A216
beef up A [A up]
㊦A（ウシ）を太らせる
▸ **Aを増強［強化、拡充］する**、Aをより面白くする

□ A217
buy up A [A up]
▸ **Aを買い占める** ➕「急いでできるだけ多く買う」というニュアンス

□ A218
clean up A [A up]
▸ ❶**A（場所）をきれいに掃除する**、整頓する
❷(clean oneself upで) 体を洗う
❸(clean upで)（商売で）大もうけする
❹A（腐敗など）を一掃［根絶］する

□ A219
close up A [A up]
▸ ❶**A（施設・店など）を（一時的に）閉める**；(close upで)（施設・店などが）（一時的に）閉まる
❷Aを近づける；(close upで) 近づく
❸A（傷口）をふさぐ；(close upで)（傷口が）ふさがる

□ A220
conjure up A [A up]
▸ ❶(物・事が) **Aを思い出させる**、ほうふつとさせる
❷Aを魔法［奇術］のように呼び出す
❸A（霊など）をまじないで呼び出す

Check 147

☐ A221
cook up A [A up]
㊊Aを手早く料理する
▸ **A**（話・弁解など）**を**（慌てて）**でっち上げる**（≒make up A）

☐ A222
drink up A [A up]
▸ **A**（牛乳・酒など）**を飲み干す**；(drink upで）飲み干す

☐ A223
fire up A [A up]
▸ ❶**A**（エンジンなど）**を始動させる**
❷A（人）を興奮させる、かっとさせる

☐ A224
fix up A [A up]
▸ ❶**A**（場所）**を整頓する**；A（物）を修理する、手入れする ➕「少々の修理や飾りで見栄えをよくする」というニュアンス
❷A（人）に（B［デートの相手］を）紹介してやる（with B）
❸A（人）に（Bを）手配する（with B）

☐ A225
free up A [A up]
▸ **A**（物・場所など）**を使えるようにする**、空ける

☐ A226
mess up A [A up]
▸ ❶**Aを台無しにする**、めちゃめちゃにする ➕「重要なことや、慎重に計画されていたことを駄目にする」というニュアンス
❷Aを散らかす、乱雑にする、汚くする

☐ A227
mix up A [A up]
㊊Aをよく混ぜる
▸ ❶**Aを**（Bと）**混同する**、一緒くたにする（with B）
❷A（人）を混乱させる
❸Aをごちゃごちゃにする、混乱させる

☐ A228
pack up A [A up]
▸ ❶**A**（物）**を梱包**［荷造り］**する**；(pack upで）梱包［荷造り］する
❷(pack upで）仕事を終える

☐ A229
pass up A [A up]
㊊Aのそばを通り過ごす
▸ **A**（招待など）**を断る**、辞退する；A（機会など）を見送る、逃す

☐ A230
play up A [A up]
▸ **Aを強調する**、重視する ➕「実際よりも重要であるように見せようとする」というニュアンス

☐ A231
rack up A [A up]
▸ **A**（得点など）**を獲得する**、挙げる；A（利益）を得る、A（損失）を被る

Check 148

□ A232
roll up A [A up]

➊**A（物）を（円筒形に）巻き上げる**、巻く、丸める
➋A（袖など）をまくり上げる
➌A（自動車の窓）を閉める
➍(roll upで)（人が）遅れて現れる（≒ roll in）

□ A233
round up A [A up]

➊**A（人・物）を寄せ集める**、A（家畜など）をかり集める
➋A（犯人など）を一斉検挙する
➌A（数）の端数を切り上げる
➍A（ニュースなど）を要約［総括］する

□ A234
run up A [A up]

➊**A（借金など）を（どんどん）増やす**、ためる
➋A（旗など）を掲げる

□ A235
screw up A [A up]
元Aをねじで締める

➊**A（計画など）を台無し［めちゃくちゃ］にする**；(screw upで)へまをしでかす
➋A（人）を嫌な気持ちにさせる、心配させる
➌A（顔・顔の部分）をしかめる

□ A236
serve up A [A up]

A（料理）を食卓に出す

□ A237
step up A [A up]

A（量など）を高める、増大させる；A（速度）を速める、加速する；Aを促進する ➕「状況を改善させるために高める」というニュアンス

□ A238
stir up A [A up]
元Aをかき回す［混ぜる］

A（騒ぎ・面倒など）を引き起こす；A（人）を扇動する、そそのかす ➕「意図的に引き起こす［扇動する］」というニュアンス

□ A239
strike up A [A up]
元Aをはね上げる

➊**A（会話・交際など）を（B［初対面の人］と）始める**、A（親交など）を（Bと）結ぶ（with B）
➋A（曲・歌）を演奏し［歌い］始める；A（楽団など）に演奏を始めさせる

□ A240
tear up A [A up]
元Aを引き裂く

➊**A（道路など）を掘り起こす**
➋A（人）を深く悲しませる、悲嘆させる
➌A（協定・契約など）を破棄する、取り消す

□ A241
tune up A [A up]

➊**A（エンジンなど）を最良に調整する**、チューンアップする
➋A（楽器）を調律する；(tune upで)楽器を調律する

□ A242
work up A [A up]

➊**A（感情など）をかき立てる**、あおる
➋A（人）の感情を刺激する、A（人）を徐々に興奮させる
➌A（事業など）を拡張する、発展させる

Check 149

□ A243
draw in A [A in]
A（人）を引き入れる、引きずり込む、巻き込む ➕「あまり気乗りしていない人を誘い込む」というニュアンス

□ A244
drink in A [A in]
元A（水など）を吸収する
A（言葉など）に熱心に聞き入る、聞きほれる；A（光景など）に見とれる、うっとりする

□ A245
fence in A [A in]
❶**A（場所）を塀**［さく、垣など］**で囲う**
❷A（動物など）をさくで囲い込む；A（人）を拘束する

□ A246
lay in A [A in]
A（物）を（Bのために）**蓄えて**［取って］**おく**、買いだめする（for B） ➕「将来に備えて大量に取っておく」というニュアンス

□ A247
pull in A [A in]
❶**A（金）を稼ぐ**、もうける（≒pull down A）
❷(pull inで)（人・車が）片側に寄る、止まる
❸A（票など）を得る
❹A（聴衆など）を引きつける

□ A248
send in A [A in]
❶**Aを郵便で出す**、送る、提出する
❷A（軍隊など）を派遣する、送り込む ➕「非常に危険な場所へ送る」というニュアンス

□ A249
throw in A [A in]
元Aを投げ入れる
❶**A（物）をおまけとして加える**［添える］
❷A（言葉など）を差し挟む
❸(throw in the towelで）敗北を認める

□ A250
give back A [A back]
❶**A（物）を**（B［人］に）**返す**（to B）；(give A back Bで）A（人）にB（物）を返す
❷Aを元に戻す、取り返す

□ A251
set back A [A back]
❶**A（物事の進行）を遅らせる**（≒delay）；A（計画など）を妨げる
❷(set A back Bで）A(人)にB(金額)を支払わせる、費やさせる

□ A252
turn around A [A around]
元Aを回転させる
❶**A（商売・経済など）を好転させる**
❷(turn around and doで）不意に［不当にも、無礼にも］～する
❸A（作業など）を完了する

□ A253
take apart A [A apart]
❶**A（機械など）を分解する**（≒dismantle）
❷A（人・チームなど）を完全に打ち破る

Check 🎧 150

□ A254 **get across A** [A across] 元Aを（向こう側へ）渡す	**A**（考え・話など）**を**（B［人］に）**理解させる**、分からせる（to B）（≒ put across A）；（get acrossで）（考え・話などが）理解される
□ A255 **put across A** [A across] 元Aを渡らせる	❶**A**（考え・計画など）**を**（B［人］に）**理解させる**、分からせる、納得させる（to B）（≒ get across A） ❷A（計画など）をやり遂げる、達成する
□ A256 **bring forth A** [A forth] 元Aを外へ持って行く	**Aを生み出す**（≒ produce）
□ A257 **put forth A** [A forth] 元Aを差し出す	❶**A**（意見・案など）**を提出**［発表］**する**、出す（≒ put forward A） ❷A（葉・芽・根など）を出す；A（実）を結ぶ
□ A258 **set forth A** [A forth] 元Aを陳列する	❶**A**（意見など）**を発表する**、述べる ❷（set forthで）（Aへ）旅に出る、出発する（for A）
□ A259 **bring forward A** [A forward] 元Aを前へ持って行く	❶**A**（行事など）**を**（B［ある日付］に）**早める**、繰り上げる（to B） ❷A（意見・案など）を提出する ❸A（数字・合計）を次ページ［次期］に繰り越す
□ A260 **push forward A** [A forward]	❶**Aを人目につかせる**、Aに注目させる ❷（push forwardで）（軍隊などが）突き進む、どんどん進む
□ A261 **follow through A** [A through]	❶**A**（計画など）**を最後までやり抜く**、遂行する ➕「必要とされていることを完全に行う」というニュアンス ❷（follow throughで）（ゴルフなどで）（クラブなどを）振り切る
□ A262 **put through A** [A through]	❶**A**（人）**の電話を**（Bに）**つなぐ**（to B）（≒ connect） ❷（put A through Bで）A（人）をB（大学など）に入学させる ❸A（計画など）を実行する
□ A263 **bring together A** [A together] 元Aをまとめる	**A**（男女・人々）**を知り合いにさせる**、近づきにさせる、結び合わせる；A（人々）を和解させる
□ A264 **cut short A** [A short] ➕Aを短く切る	**Aを急に終わらせる**、中断させる

□ 語順で覚えるその他の重要熟語：語順1

Check 151

□ A265 **add to A**	❶**Aを増やす**、Aを増加［増大］させる（≒increase） ❷(add to this [that]で)（通例文頭に置いて副詞句として）これ［それ］に加えて
□ A266 **add up to A** ㊁合計Aとなる	結局［つまるところ］**Aということになる**（≒amount to A）
□ A267 **adhere to A** ㊁Aにくっつく［粘着する］	A（主義・規則など）**を固守する**、Aに忠実である
□ A268 **admit to A**	**Aを**（事実であると）**認める**、白状する（≒confess） ➕「嫌々ながら認める」というニュアンス
□ A269 **appeal to A**	❶A（人）**の心に訴える**、A（人）の興味を引く ❷A（人）に（B［助け・支持など］を）懇願する（for B）
□ A270 **cling to A** ㊁Aに（ぴったりと）くっつく	**Aに執着**［固執］**する**
□ A271 **consent to A**	**Aを承諾する**、Aに同意する（≒agree to A、assent to A、sympathize with A） ➕「渋々認める」というニュアンス
□ A272 **fall to A**	❶(仕事などが）**A**（人）**の任務**［役目］**になる** ❷A（仕事など）に取りかかる；A（～）し始める（doing）
□ A273 **pertain to A**	**Aに**（直接）**関係**［関連］**がある**（≒relate to A）
□ A274 **point to [at] A**	❶**Aを指さす**、指し示す ❷(物が）Aの方向に向く
□ A275 **react to A**	A（刺激・薬物など）**に反応する**（≒respond to A）

Check 🎧 152

☐ A276 **relate to A**	❶**Aに関係がある**、関連する（≒pertain to A）；(relate A to Bで) AをBと関連［関係］づける ❷A（人）と仲がよい、ウマが合う ❸A（人）の考えを理解する
☐ A277 **reply to A**	❶**Aに返事をする**、回答する ❷(行動などで）Aに応じる、反応［応酬］する
☐ A278 **report to A**	**A（場所）に出頭する**
☐ A279 **respond to A**	❶**Aに反応する**（≒react to A） ❷Aに返答［応答］する ❸A（治療など）に対して好反応を示す
☐ A280 **stand up to A**	❶**Aに勇敢に［敢然と］立ち向かう** ❷(物が）A（熱など）に耐える
☐ A281 **succumb to A**	**Aに屈する**、負ける（≒yield to A、give in to A、give way to A） ➕「強い者に対して反対するのをやめる」というニュアンス
☐ A282 **surrender to A**	❶**Aに降伏［降参］する**（≒give in to A）；(surrender A to Bで) A（軍隊など）をB（敵など）に引き渡す、明け渡す ❷A（感情など）に身を任せる
☐ A283 **bear on [upon] A** ㊁Aにのしかかる	(物・事が）**Aに関係［影響］する**
☐ A284 **bet on A**	**Aに賭ける** ➕比喩的にも用いる
☐ A285 **build on A**	❶**A（成果など）を基に事を進める**；Aを頼り［当て］にする ❷(build on A [A on]で）Aを建て増しする
☐ A286 **capitalize on A**	**Aを利用する**、Aにつけ込む（≒take advantage of A）

Check 153

□ A287
crack down on A
▸ **Aを厳重に取り締まる**、Aに断固たる処置を取る

□ A288
dawn on A
▸ （真実などが）**A**（人）**に分かり始める**

□ A289
decide on A
▸ **Aに決定する** ➕「多くの選択肢の中から1つを選ぶ」というニュアンス

□ A290
draw on [upon] A
▸ ❶**A**（経験など）**に頼る**、Aを利用する
❷A（たばこ・葉巻など）を吸う

□ A291
dwell on [upon] A
▸ ❶**Aについてくよくよ考える** ➕「よくないことを考え続ける」というニュアンス
❷Aを長々と話す［書く］

□ A292
embark on [upon] A
▸ **A**（事業など）**に着手する**、乗り出す ➕「難しく、刺激的な新しいことを始める」というニュアンス

□ A293
expand on [upon] A
▸ **Aについてさらに詳しく述べる** ➕「既に言ったことに詳細や情報を加える」というニュアンス

□ A294
improve on [upon] A
▸ **Aをよりよいものにする**、Aを改良［改善］する、A（記録など）を伸ばす

□ A295
jump on A
🈩Aに飛び乗る
▸ **A**（人）**に**（不当に）**文句をつける**、Aを激しく非難する、しかる

□ A296
plan on A
▸ ❶**Aを期待**［予期、予想］**する**、Aを当てにする
❷A（～）するつもりである（doing）（≒ intend to do）

□ A297
play on A
▸ **A**（人の恐怖心など）**につけ込む**、A（人の感情など）を利用する、かき立てる ➕「自分の利益になるように他人の感情につけ込む」というニュアンス

Check　154

□ A298
touch on [upon] A
▸ A（話題など）**に簡単に言及する**［触れる］ ➕「演説や執筆の際に、ある話題について少し触れる」というニュアンス

□ A299
answer for A
▸ A（結果など）**の責任を取る**［負う］；Aを釈明する ➕「自分が犯した罪や事柄について、当局の人に説明する」というニュアンス

□ A300
arrange for A
▸ **Aの準備**［用意］**をする**、Aの手はずを整える

□ A301
fall for A
▸ ❶**Aにだまされる**
❷A（人・事）に夢中になる、ほれる

□ A302
feel for A
▸ **Aに同情する**（≒sympathize with A）

□ A303
go for A
㊢Aをしに行く
▸ ❶A（賞など）**を得ようと努める**、Aを目指す；Aを選ぶ
❷(go for itで)（命令文で）頑張れ
❸(通例、this、thatを主語にして）Aにも当てはまる
❹Aを好む

□ A304
go in for A
▸ ❶**Aを好む**、趣味とする
❷A（試験など）を受ける；A（競技など）に参加する

□ A305
opt for A
▸ **Aのほうを選ぶ**

□ A306
reach for A
▸ **Aを取ろう**［つかもう］**と手を伸ばす** ➕比喩的にも用いる

□ A307
settle for A
▸ **Aで我慢する**、Aを甘んじて受け入れる ➕「自分の希望よりも悪いもので我慢する」というニュアンス

□ A308
speak for A
▸ ❶A（人・グループ）**を代弁**［代表］**する**
❷A（人）を弁護［支持］する
❸(speak for yourselfで)（命令文で）自分のことだけ言え、人を自分と一緒にするな

Check 155

□ A309
substitute for A
▸ **Aの代わりをする**、Aの代理［代用］になる（≒take the place of A、take A's place、replace）；（substitute A for Bで）AをBの代わりに用いる

□ A310
yearn for A
▸ **Aを切望する**、非常に欲しがる（≒long for A） ➕「手に入れにくいもの・手に入れることができないものを欲しがる」というニュアンス

□ A311
confide in A
▸ ❶**A（人）に秘密を打ち明ける** ➕「信用して話す」というニュアンス
❷A（人）を信用［信頼］する

□ A312
engage in A
▸ ❶**A（仕事）に従事する**、関与する
❷（engage A in Bで）A（人）をB（会話など）に引き入れる、誘い込む

□ A313
bear with A
▸ ❶**Aを我慢［辛抱］する**、Aの言うことを我慢強く聞く
❷（bear with meで）（命令文で）（少々）お待ちください

□ A314
check with A
▸ **Aに相談する**、問い合わせる

□ A315
get away with A
▸ **A（悪事など）を（罰せられずに）うまくやってのける**；Aの罰を逃れる；A（軽い罰など）で逃れる

□ A316
get even with A
➕even＝貸し借りのない
▸ **Aに仕返し［報復］をする**

□ A317
go through with A
▸ **A（事）をやり抜く**［通す］、成し遂げる ➕「困難があっても、約束や計画などを守る」というニュアンス

□ A318
level with A
▸ **A（人）に本当のことを言う**、A（人）に正直に言う ➕「隠しておいた事実などを正直に言う」というニュアンス

□ A319
live with A
㊜Aと一緒に住む
▸ **A（不快・困難なこと）を受け入れる**、Aに甘んじる ➕「長く続くと思われる困難に耐える」というニュアンス

Check 🎧 156

□ A320
make do with A
▸ **Aで間に合わせる**、済ます（≒do with A ⇔make do without A、do [go] without A） ➕「完全に満足はしていないが、それで何とかやっていく」というニュアンス

□ A321
meet with A
▸ ❶**Aと会談する**、約束して会う
❷A（非難・称賛・同情など）を受ける
❸A（事故・困難・災難など）に遭う、遭遇する

□ A322
mess (around) with A
▸ ❶**A（人）におせっかいをする**、A（人）とかかわり合う ➕「かかわり合うべきではないのに干渉する」というニュアンス
❷A（物）をいじくり回す ➕「少々変更を加えるために手をつける」というニュアンス

□ A323
play with A
▸ ❶**A（物）をいじくる**、もてあそぶ
❷A（考えなど）を漠然と抱く
❸A（言葉など）を巧みに操る

□ A324
stick with A
▸ ❶**A（人）と一緒にいる**、離れないでいる
❷A（人）に忠実である、A（人・考えなど）を支持する
❸A（仕事など）を続ける ➕「困難な状況でも計画通りに続ける」というニュアンス

□ A325
struggle with A
▸ ❶**Aに取り組む** ➕「何かを達成するため非常に努力する」というニュアンス
❷（逃れようとして）Aと取っ組み合う、争う

□ A326
walk away with A
▸ ❶**A（賞金など）を楽々と取る**、さらう ➕「人が驚くほど簡単に手にする」というニュアンス
❷Aを持ち逃げする

□ A327
come at A
㊥Aに到達する
▸ ❶**Aに襲いかかる**、Aに（威嚇しながら）向かってくる
❷（情報・問題などが）A（人）に降りかかる、どっと押し寄せる ➕「混乱するほど殺到する」というニュアンス
❸A（問題など）に取り組む

□ A328
go at A
▸ **Aを襲う**、攻撃する

□ A329
jump at A
▸ **A（機会など）に飛びつく**、喜んで応じる

□ A330
play at A
▸ ❶**Aを遊び半分にやる** ➕「真剣にはやらない」というニュアンス
❷（特に子どもが）Aのまねごとをして遊ぶ、Aごっこをする

Check 157

□ A331
go about A
▸ **A（仕事など）に取りかかる**、A（仕事など）に精を出す（≒tackle）

□ A332
set about A
▸ ❶**Aに取りかかる**、着手する；A（～）し始める（doing）（≒begin、start）
❷A（人）を襲う、攻撃する（≒attack）

□ A333
run across A
㊍Aを走って渡る
▸ ❶**A（人）に偶然出会う**、A（物）を偶然見つける（≒run into A、come across A）
❷(run acrossで)（Aを）ちょっと訪問する、（Aに）急いで行く（to A）

□ A334
ask after A
▸ **Aの安否を尋ねる**、Aの容態を聞く（≒inquire after A）

□ A335
take after A
▸ ❶**A（親など）に似ている**（≒resemble）
❷A（人）を手本にする
❸Aを追跡する、追いかける

□ A336
get around A
㊍Aを歩き回る
▸ ❶**A（困難など）を避ける**；A（法律など）を逃れる
❷(get aroundで）動き［歩き］回る
❸(get aroundで）（うわさなどが）広まる、知れ渡る

□ A337
come before A
㊍Aの前に出る
▸ ❶（問題などが）**Aに提出される**、Aで審議［審理］される
❷Aに優先する、Aより重要である

□ A338
abide by A
▸ **A（規則など）に従う**、Aを忠実に守る ➕「従いたくなくても、従わざるを得ない」というニュアンス

□ A339
stop by A
▸ **A（場所）に立ち寄る**（≒call at A）；(stop byで）（Aに）立ち寄る（at A）（≒stop in、stop off） ➕call at Aは英国用法

□ A340
separate from A
▸ ❶**Aから分離する**、分かれる
❷Aと絶縁する、Aから脱退する

□ A341
break into A
㊍Aに侵入する
▸ ❶**急にA（動作）を始める**、急にAしだす
❷A（分野）に乗り出す、進出する
❸A（会話など）に口を差し挟む

Check 🎧 158

□ A342 **inquire into A**	**A（事実など）を調査する**、調べる、取り調べる（≒look into A、investigate）
□ A343 **run into A** 元Aに駆け込む	❶**A（人）に偶然出会う**（≒run across A、come across A） ❷Aに衝突する、ぶつかる ❸A（困難など）に遭う
□ A344 **rush into A**	**Aを（よく考えずに）急いでする**、性急にする
□ A345 **step into A** 元Aに足を踏み入れる	**A（役割など）を引き受ける**；A（仕事・役割など）に取りかかる
□ A346 **break through A**	❶**A（敵陣・困難など）を突破する**、打ち破る；（break throughで）突破する、打ち破る ❷A（内気・遠慮など）をなくす、忘れさせる ❸（break throughで）（太陽・月などが）雲の間から現れる
□ A347 **come through A**	❶**A（病気・危機など）を切り抜ける** ➕go through Aは「Aを経験する」；（come throughで）切り抜ける、生き抜く ❷（come throughで）認可される；（知らせなどが）届く ❸（come throughで）（Aで）期待［要求］に応える（with A）
□ A348 **look through A** 元Aを通して見る	❶（物を見つけるために）**Aをくまなく探す**、詳しく調べる ❷Aにざっと目を通す（≒look over A） ❸A（人）を見て見ぬふりをする、無視する
□ A349 **run through A** 元Aを走り抜ける	❶**Aを繰り返す**（≒repeat） ➕「記憶したり、上手になるために繰り返す」というニュアンス ❷Aにざっと目を通す ❸（うわさなどが）Aに広まる
□ A350 **see through A** 元Aを透かして見る	❶**Aの本質を見抜く**、A（人・計略など）を見破る ❷A（計画など）を最後までやり抜く ❸（see A through Bで）A（人）にB（困難など）を切り抜けさせる
□ A351 **come under A** 元Aの下に来る	❶**A（攻撃・批判など）を受ける**、被る ❷A（勢力など）に支配［監督］される、Aの管轄［監督］下にある ❸Aに分類される
□ A352 **do [go] without A**	**Aなしで済ます**、Aなしでやっていく（≒make do without A ⇔do with A、make do with A） ➕「ある特定のものなしで生活を続ける［何かをし続ける］」というニュアンス

□ 語順で覚えるその他の重要熟語：語順2

Check　159

□ A353 **admit** A **to** [into] B	**AにB（場所・組織など）への入場［入会、入学］を認める**
□ A354 **appoint** A **to** B	**A（人）をB（役職）に任命する**
□ A355 **ascribe** A **to** B	❶**AをBのせいにする**、Aの原因をBに帰する（≒attribute A to B） ❷A（作品など）をBの作［発明］とする
□ A356 **contribute** A **to** B	❶**A（金銭など）をBに寄付する**；A（援助など）をBに提供する；(contribute to Aで）Aに寄付する ❷A（原稿など）をB（雑誌など）に寄稿する
□ A357 **dedicate** A **to** B	❶**A（時間など）をB（目的など）にささげる** ❷(dedicate oneself to Aで）Aに専念する ❸A（著書など）をBに献呈する
□ A358 **hold** A **to** B 元AをBに固定する	❶**A（人）にB（約束など）を守らせる** ❷(スポーツで）A（相手）をB（点）に抑える
□ A359 **pass** A **to** B	**A（物）をB（人）に手渡す**　➕「届かない所にある物を渡す」というニュアンス
□ A360 **reduce** A **to** B	**AをBに縮小［低減、削減］する**
□ A361 **submit** A **to** B	❶**A（書類など）をBに提出する** ❷A（人など）をBに服従［屈服］させる；(submit to Aで）Aに服従［屈服］する
□ A362 **treat** A **to** B	❶**A（人）にBをおごる**、ごちそうする、与える ❷(treat oneself to Aで）Aを自腹を切って楽しむ、奮発する
□ A363 **scold** A **for** B	**A（主に子ども）をBの理由でしかる**、説教する

Check 160

□ A364
demand A **of** B
A（事）をB（人）に強く要求する

□ A365
mix A **with** B
❶AをBと混ぜる、混合する
❷A（事）をBと一緒にする、調和させる

□ A366
rescue A **from** B
AをB（危険・危害など）から救助［救出］する

□ A367
steal A **from** B
A（物）をB（人・場所）から（こっそり）盗む

□ A368
strike A **as** B
A（人）にBという感じを与える、印象づける

□ A369
name A **after** B
Bの名を取ってAに名をつける；BにちなんでAに命名する

□ A370
show A **around** B
A（人）にB（場所）を案内して回る、見学させる ➕Bなしで、show A aroundの形で使われることもある

□ A371
build A **into** B
❶A（戸棚など）をB（壁など）に組み入れる
❷A（条件など）をB（契約など）に組み込む

□ A372
classify A **into** B
AをBに分類［類別、区分］する

□ A373
work A **into** B
❶AをBにうまく入れる、効果的に挿入する
❷AをBに練り込む、溶け込ませる

□ A374
hold A **over** B
㊊AをBの上にかざす
❶Aを利用してB（人）を脅す、脅迫する
❷(hold over A [A over]で）Aを延期する

□ 語順で覚えるその他の重要熟語：語順3

Check 161

□ A375 **be addicted to A**	❶**A**（麻薬など）**に中毒になっている**、Aを常習している ❷A（悪癖など）にふけっている、おぼれている（≒be hooked on A）
□ A376 **be akin to A**	❶**Aと類似している**（≒be similar to A）、Aと同種である ➕「非常によく似ている」というニュアンス ❷Aと同族［血族］である
□ A377 **be applicable to A**	**Aに適用**［応用］**できる**、効力がある ➕「特定の人物・集団・状況に影響を及ぼす」というニュアンス
□ A378 **be attached to A**	❶**Aに愛着**［愛情］**を持っている**、Aを愛している ➕「長い間知っていたり、持っているので大切にしている」というニュアンス ❷A（団体など）に所属している
□ A379 **be beneficial to A**	**Aのためになる**、Aにとって有益である
□ A380 **be conditioned to A**	**Aに慣れている**、条件づけられている
□ A381 **be devoted to A**	**Aに専念**［没頭］**している** ➕「愛情・関心・注意を注いでいる」というニュアンス
□ A382 **be engaged to A**	**Aと婚約している** ➕「Aと結婚している」はbe married to A
□ A383 **be identical to A**	**Aと全く同じである**、同一である ➕be similar to A（Aと似ている）は「ほとんど同じだが、少し違っている」というニュアンス
□ A384 **be indifferent to A**	**Aに無関心である**、無頓着である（≒be reckless of A）
□ A385 **be inferior to A**	（品質・価値・技術などが）**Aより劣っている**（⇔be superior to A）

Check 162

☐ A386
be married to A
❶**Aと結婚している** ➕「Aと婚約している」はbe engaged to A
❷Aに専念している

☐ A387
be preferable to A
Aより好ましい、望ましい、ましである

☐ A388
be sensitive to A
❶（精神的・感情的に）**Aに敏感である**、Aに（よく）気が回る
❷A（痛み・寒さなど）に敏感である

☐ A389
be specific to A
Aに固有［特有］**である** ➕「ある1つのことに限定されている」というニュアンス

☐ A390
be susceptible to A
❶**Aに感染しやすい**
❷Aの影響を受けやすい

☐ A391
be vulnerable to A
❶**Aに傷つきやすい**、弱点がある ➕精神的・感情的にも用いる
❷（場所などが）A（攻撃など）に弱い
❸A（非難など）を受けやすい

☐ A392
be pressed for A
A（金・時間）**で苦しんでいる**、悩んでいる

☐ A393
be ashamed of [about] A
Aを恥じている ➕「道徳的に間違っていたり、罪を犯したことを恥じている」というニュアンス

☐ A394
be capable of A
Aの能力［才能］**がある**、A（～）する能力［才能］がある（doing）（⇔be incapable of A） ➕「何かをするための技術や力、知能がある」というニュアンス

☐ A395
be clear of A
❶**Aから離れている**、Aと接触がない
❷A（都合の悪いもの）がない、Aを免除されている

☐ A396
be confident of [about] A
Aを確信している（≒be sure of [about] A、be certain of [about] A、be convinced of A、be positive about [of] A）

Check　163

□ A397 **be considerate of [to, toward] A**	❶**Aに対して思いやりがある**、理解がある ❷(it is considerate of A to doで）～するとはAは思いやりがある
□ A398 **be critical of A**	**Aに口やかましい**、批判的である ➕「批評が厳しく、時に偏っている」というニュアンス
□ A399 **be devoid of A**	A（性質など）**を欠いている**、Aが全くない
□ A400 **be envious of A**	**Aをねたんでいる**、うらやんでいる ➕「他人が持っているものを欲しがっている」というニュアンス。be jealous of Aとほぼ同義だが、jealousのほうが「怒りや不幸を感じるほどにねたんでいる」という意味合いが強い
□ A401 **be guilty of A**	**Aで有罪である**、Aの責任がある（⇔be innocent of A） ➕be guilty about Aは「Aのことで罪の意識がある」
□ A402 **be possessed of A**	**Aを所有している**
□ A403 **be sick of A**	**Aにうんざり［飽き飽き］している**、Aが嫌になっている（≒be tired of A、be fed up with A、be bored with A、be weary of A）
□ A404 **be typical of A**	**Aに特有である**、Aの特徴を示している（≒be characteristic of A）
□ A405 **be unaware of A**	**Aに気がついていない**、Aを意識していない（≒be oblivious to [of] A　⇔be aware of A）
□ A406 **be gifted with A**	**Aの優れた才能［知能、天分］がある** ➕「何かを非常に巧みに成し遂げる、生まれつきの才能がある」というニュアンス
□ A407 **be impressed with [by] A**	**Aに感動［感心］している**

Check 🎧 164

☐ A408 **be obsessed with A**	**A（妄想・欲望など）に取りつかれている**、悩まされている ➕「ほかのことが考えられないほどに、そのことだけをいつも考えている」というニュアンス。be possessed by Aは「A（悪霊・悪魔）に取りつかれている」
☐ A409 **be packed with A**	（部屋・建物などが）**A（人）ですし詰めになっている**、込んでいる（≒be full of A、be filled with A）
☐ A410 **be strict with A**	**A（人）に厳しい** ➕be strict about Aは「A（規律など）に厳しい」
☐ A411 **be tied up with A**	**Aで忙しい**
☐ A412 **be hard on A**	❶**A（人）に厳しい**、無情である ➕「時に不公平なほどに厳しい」というニュアンス ❷（出来事などが）A（人）に耐え難い
☐ A413 **be hooked on A**	**Aに病みつき［夢中］になっている**（≒be addicted to A）
☐ A414 **be intent on [upon] A**	❶**A（の達成）を決意［決心］している**（≒be bent on A） ❷Aに没頭［専念］している
☐ A415 **be lost on A**	（冗談などが）**Aに理解されない**、通じない、（忠告などが）Aに効き目がない
☐ A416 **be lost in A**	**Aに夢中になっている**、没頭している
☐ A417 **be skilled in [at] A**	**Aに熟練している**、Aが上手である（≒be proficient in [at] A）
☐ A418 **be wanting in A**	**Aが欠けている**、足りない（≒be lacking in A）

□ 品詞の働きをするその他の重要熟語：前置詞

Check 165

□ A419 **in company with A** ＋company＝同行 元Aと一緒に	**Aと同時に**、Aを伴って
□ A420 **in line for A**	**A**（昇進・地位など）**を得る見込みで**、Aの候補で
□ A421 **in opposition to A** ＋opposition＝反対	**Aに反対**［反抗］**して**
□ A422 **in parallel with A** ＋parallel＝並列	**Aと一緒に**、Aと同時に　＋in parallelは「並列（式）で（⇔in series）」
□ A423 **in the market for A** ＋market＝市場	**Aを買いたいと望んで**、Aを買おうとして　＋on the marketは「売りに出されて」
□ A424 **in the mood for A** ＋mood＝気分、気持ち	**Aしたい気分で**、Aする気持ちになって
□ A425 **in want of A** ＋want＝必要	**Aを必要として**（≒in need of A）
□ A426 **on [at] the brink of A** ＋brink＝（がけの）縁、端	**Aの寸前**［瀬戸際］**で**［に］、Aに瀕して　＋「何か悪いことが起こる直前で」というニュアンス
□ A427 **on the heels of A** ＝on A's heels ＋heel＝かかと	**Aのすぐ後に**、Aにすぐ続いて
□ A428 **on the strength of A** ＋strength＝力	**Aの力**［援助］**を得て**、Aを当てにして、Aを頼みにして、Aに基づいて
□ A429 **under the influence of A** ＋influence＝影響	**Aの影響を受けて**；Aの影響下にある

□ 品詞の働きをするその他の重要熟語：副詞／形容詞：時

Check 166

□ A430
ahead of A's time
▸ (人などが) **時代に先んじて**、独創的で ➕ahead of timeは「定刻より早く」

□ A431
(just) **around the corner**
㊀角を曲がった所に
▸ **近づいて**、間近に ➕「すぐにでも起こりそうな」というニュアンス

□ A432
as [like] before
▸ **以前の通り**

□ A433
before A's time
▸ ❶(Aが) **生まれる前に**
❷まだその時にならないうちに、機が熟さないうちに

□ A434
behind the times
▸ **時代**［時勢、流行］**に遅れて** ➕behind timeは「予定［定刻］より遅れて」

□ A435
down the road
㊀通りの先の方へ［で］
▸ **将来**（≒in the future）

□ A436
every so often
▸ **時々**、時折（≒sometimes）

□ A437
half the time
▸ **ほとんどいつも**、しばしば

□ A438
rarely [seldom] if ever
▸ **めったに～しない** ➕「たとえあったとしてもまれである」というニュアンス。rarely、seldomの後にコンマ（,）が置かれることも多い

□ A439
up front
▸ ❶**前金で**；前もって
❷最初から

□ A440
up to date
▸ **最新の情報**［知識］**を取り入れた**、最新の、現代的な（⇔out of date）
➕通例、限定用法の場合はup-to-dateのようにハイフンで結ばれる（⇔out-of-date）

Check 167

□ A441
all told
❶**全部で**、合計［総計］で（≒in all、altogether）
❷全体として（≒on the whole）

□ A442
body and soul
元 肉体と精神
❶**完全に**
❷身も心も

□ A443
face to face
❶（Aと）**向かい合って**、差し向かいで（with A）
❷（Aに）直面して、接して（with A）

□ A444
if possible
できるなら、できたら

□ A445
judging from [by] A
Aから判断すると ➕「見聞きしたり、学習したことから推測すると」というニュアンス

□ A446
last but not least
最後に述べるが決して軽んじられないこととして；最後になりましたが、申し遅れましたが ➕「リスト中の最後にはあるが重要である」と紹介する際の表現

□ A447
off duty
➕duty＝職務、任務
勤務時間外で、非番で（⇔on duty、at work、on the job）

□ A448
second to none
➕second＝次の
誰［何］にも劣らない［負けない］

□ A449
the other way around
逆に［の］、反対に［の］、あべこべに［の］ ➕「当初考えていたこととは逆に［の］」というニュアンス

□ A450
to say the least
➕least＝最少
控えめに言っても（≒to put it mildly） ➕「実際はそれ以上に悪い」というニュアンス。文中・文尾で挿入的に使う

□ A451
word for [by] word
❶**文字通りに**、言った通りに
❷（翻訳などが）逐語的に、一語一語

ねぇねぇ、どれくらい覚えてる？
Hey, how many do you remember?

Index

＊見出しとして掲載されている熟語は赤字、それ以外の熟語は黒字で示されています。それぞれの語の右側にある数字は、見出し番号を表しています。Aで始まる番号は、Appendixに掲載されていることを表します。赤字の番号は、見出しとなっている番号を示します。定義が3つ以上ある熟語は、第2義までを掲載しています。

Index

A

どれだけチェックできた？ 1 □ 2 □

どれだけチェックできた？ 1 □ 2 □

258 ▸ 259

どれだけチェックできた？ 1 □ 2 □

どれだけチェックできた？ 1 □ 2 □

どれだけチェックできた？ 1 □ 2 □

どれだけチェックできた？ 1 □ 2 □

どれだけチェックできた？ 1 □ 2 □

どれだけチェックできた？ 1 ☐ 2 ☐

I

どれだけチェックできた？ 1 ☐ 2 ☐

どれだけチェックできた？ 1 □ 2 □

どれだけチェックできた？ 1 □ 2 □

どれだけチェックできた？ 1 □ 2 □

どれだけチェックできた？ 1 □ 2 □

Q

R

どれだけチェックできた？ 1☐ 2☐

T

どれだけチェックできた？　1 ☐　2 ☐

どれだけチェックできた？ 1 □ 2 □

U

V

W

どれだけチェックできた？ 1 □ 2 □

改訂版

聞いて覚えるコーパス **英熟語**

キクジュク

【Super】

難関大レベル

書名	改訂版 キクジュク【Super】難関大レベル
発行日	2023年12月15日（初版）
編著	一杉武史
編集	株式会社アルク 文教編集部
編集協力	伊藤香織、富沢比奈
英文校正	Peter Branscombe、Margaret Stalker、Joel Weinberg、Owen Schaefer
アートディレクション	細山田 光宣
デザイン	小野安世（細山田デザイン事務所）
イラスト	shimizu masashi（gaimgraphics）
ナレーション	Chris Koprowski、Julia Yermakov、Carolyn Miller、紗川じゅん、高橋大輔
音楽制作	東海林 敏行（onetrap）
録音・編集	一般財団法人 英語教育協議会（ELEC）
DTP	株式会社 秀文社
印刷・製本	シナノ印刷株式会社
発行者	天野智之
発行所	株式会社 アルク

〒102-0073　東京都千代田区九段北4-2-6 市ヶ谷ビル
Website：https://www.alc.co.jp/
中学・高校での一括採用に関するお問合せ：
koukou@alc.co.jp（アルクサポートセンター）

・落丁本・乱丁本は、弊社にてお取り替えいたしております。
Webお問い合わせフォームにてご連絡ください。
https://www.alc.co.jp/inquiry/

・定価はカバーに表示してあります。
・製品サポート：https://www.alc.co.jp/usersupport/
・本書は、2007年2月に刊行された『キクジュク【Super】3600』を改訂し、Check2、Check3の音声を追加したものです。

Printed in Japan.
PC：7023050　ISBN：978-4-7574-4072-2

地球人ネットワークを創る

アルクのシンボル
「地球人マーク」です。